Estoril · Cindy – Der Weg zum Erfolg

Jean Estoril

Cindy

Der Weg zum Erfolg

Aus dem Englischen übersetzt
von Fritz R. Glunk

Loewe

Die Deutsche Bibliothek - CIP-Einheitsaufnahme

Estoril, Jean:
Cindy/Jean Estoril. Bindlach: Loewe
Der Weg zum Erfolg.
Aus d. Engl. übers. von Fritz R. Glunk.
2. Auflage - 1992
ISBN 3-7855-2385-8

ISBN 3-7855-2385-8 - 2. Auflage 1992
Originalverlag: Simon & Schuster Young Books, Hemel Hempstead
Originaltitel: Drina dances in Exile/Ballet elsewhere

Aus dem Englischen übersetzt von Fritz R. Glunk
Umschlagillustration: Norma Agency Vicente Gonzales
Umschlagtypographie: Claudia Böhmer
Satz: Fotosatz-Studio GmbH, Fichtelberg
Druck: Interdruck Leipzig GmbH
Bindung: Leipziger Verlags- und
Druckereigesellschaft mbH, Leipzig
Printed in Germany

Inhalt

Ein Maskottchen für das Internat 11
„Hochzeit in der Bretagne“ 24
Die Dominick-Truppe in Liverpool 39
Ferien in den Bergen 55
Miss Selswicks Ballett 66
Cindy hat's schwer 79
Im Schnee 89
Der erste Erfolg 103
Das Ende der „Verbannung“ 112

Ein Maskottchen für das Internat

Der Rest des Schuljahres in Chalk Green Manor kam Cindy nach den Osterferien plötzlich gar nicht mehr so lang vor. Sie hatte fast vergessen, wie unglücklich sie hier zuerst gewesen war. Weil ihr Großvater aus Gesundheitsgründen überraschend nach Australien versetzt worden war, hatte sie aus der Dominick-Schule ins Internat wechseln müssen. Auf dem Land ging es ihr furchtbar schlecht. Sie vermißte die vollen Straßen und die Themsebrücken, die Opernhäuser und die phantastischen Ballettaufführungen bitterlich. Schlimmer noch kam es ihr vor, von ihrer vertrauten Dominick-Schule und ihren Freundinnen getrennt zu sein. Man hat mich in die Verbannung geschickt, sagte sie sich damals immer, wenn sie nachts nicht einschlafen konnte.

Das alles war nun Gott sei Dank vorbei, seit Madame Volonaise bei jener Begegnung im Wald vor ein paar Wochen so ernsthaft mir ihr gesprochen hatte. Seitdem fiel es ihr plötzlich leichter, hier draußen auf dem Land zu leben, und sie sah ihre Umgebung mit ganz neuen Augen. Sie hatte sich fest vorgenommen, nicht immer nur Ballettbücher zu lesen, sondern für neue Dinge offen zu sein und auch einmal mit den anderen Ausflüge zu machen. Schon während der Osterferien auf der Farm bei ihrer Freundin Jenny hatte sie das Leben auf dem Land auf einmal gar nicht mehr so schrecklich gefunden.

Trotzdem verlor sie natürlich nicht einen Tag lang

ihre große Leidenschaft, das Tanzen, aus dem Blick. Nur ging nun auf einmal alles viel besser, lockerer und ohne die Verbissenheit, mit der sie sich bisher vergeblich angestrengt hatte. Sie tanzte wieder so gut wie eh und je und hatte sogar das sichere Gefühl, daß sie Fortschritte machte. Mit ungläubigem Stolz erinnerte sie sich immer wieder an die Worte des großen Mr. Dominick: „Wir haben dich nicht vergessen, Cindy", hatte er gesagt. Und damit das auch immer so bleiben sollte, hatte sie ernsthafte Vorsätze gefaßt.

Auch ihre Tanzlehrerin Miss O'Donnell war jetzt mit ihren Leistungen zufrieden, wenn sie auch nicht verstand, woher das alles so plötzlich kam. Denn sie wußte ja nicht, was Cindy mit Madame Volonaise und Mr. Dominick gesprochen hatte. Eines Tages nahm sie Cindy nach dem Unterricht beiseite und fragte sie: „Was war denn nur mit dir los vor den Ferien, Cindy?"

„Ich weiß auch nicht", erwiderte Cindy, „ich glaube, ich hatte einfach Heimweh. Ich hab' irgendwie alles falsch gemacht."

„Jedenfalls holst du jetzt ganz schön auf", meinte Miss O'Donnell anerkennend, „und wie ich höre, bist du ja auch in allen anderen Fächern ganz gut." Sie nickte ihrer Schülerin zu und ging den Gang hinunter.

Cindy strahlte. Beim Umziehen dachte sie, daß sie sich ja auch wirklich viel leichter konzentrieren konnte neuerdings. Sie fühlte, daß ihr Körper wieder so geschmeidig war wie vorher auf der Dominick-Schule. Überhaupt hatte sie sich verändert, war nicht mehr so in sich selbst verschlossen, sondern fing an, sich für ihre Umgebung zu interessieren.

„Es kommt mir vor, als hätte ich meinen Verstand wiedergefunden", sagte sie ihrer Freundin Rose.

Rose ging es dagegen in diesen Wochen ziemlich genau so, wie es Cindy vor Ostern gegangen war. Nur hatte sie wenigstens genügend Zeit gehabt, sich auf den Wechsel von der Dominick-Schule zu Chalk Green Manor innerlich vorzubereiten. Und anders als Cindy war sie auch vom ersten Augenblick an entschlossen, erfolgreich zu arbeiten, denn daß sie das Stipendium bekommen hatte, war eine Bestätigung für ihr oft wackliges Selbstbewußtsein gewesen. Irgendwie mochte sie sogar dieses Internat, obwohl es so anders war als ihr enges, aber ungezwungenes Zuhause. Sie mochte Joan und Sue, die beiden Zwillinge, kam auch mit Karin und Emilia prima zurecht, und mit Ivan, den sie bei der Abreise von London kennengelernt hatte, hatte sie sich schon fast befreundet.

„Weil er dir gleich Komplimente gemacht hat", lachte Cindy und zog ihre Freundin damit zum x-ten Mal auf. Da mußte Rose auch lachen, stritt es aber ab: „So ernst hat er das bestimmt nicht gemeint. Aber er ist wirklich sehr nett. Ich mag eigentlich alle hier, außer Christine. Die ist immer so eingebildet." Sie klappte das Buch zu, und beide Mädchen gingen die Treppen zum Speisesaal hinunter. Rose fand zwar die Atmosphäre in Chalk Green Manor ganz gut und fühlte sich mit den anderen Schülerinnen wohl, aber auch ihr fehlte es ganz fürchterlich, durch die Stadt zu bummeln. Vielleicht war sie sogar noch unglücklicher als Cindy in ihren ersten Wochen, denn sie hatte schließlich vorher noch nicht einmal eine Nacht auf dem Land verbracht. In den Ferien, die sie nicht zu Hause geblieben war, war sie nur am Meer gewesen. Die dichten Wälder von Chalk Green erschienen ihr eher unheimlich. Sie konnte oft nicht einschlafen, weil ihr der Verkehrslärm von London fehlte und die unheimliche Stille, die nur von Käuzchenrufen ab und zu unterbrochen wurde, ihr beinahe angst machte.

„Das ist ja wie im Dschungel hier!" sagte sie dann morgens zu Cindy. „Manchmal möchte ich einfach mal ins Kino gehen können oder auf dem Heimweg noch ein Eis essen."

Trotzdem, Rose lernte schnell, sich an den Schönheiten der Natur zu freuen. Schon nach einer einzigen Maiwoche in der Landschaft von Chalk Green merkte sie, daß auch das Landleben etwas für sich hatte. An den windgeschützten Hecken duftete der Weißdorn, am Wegrand blühte üppig weißes Wiesenschaumkraut, und im Gras standen Tausende von goldenen Butterblumen.

Seit Rose nun auch in Chalk Green Manor zur Schule ging, war Cindy viel glücklicher. Trotz ihres Entschlusses, das Beste aus ihrer Zeit dort zu machen, mußte sie aber auch nach der Rückkehr aus den Osterferien immer wieder an die Dominick-Schule denken. An manchen Nachmittagen zum Beispiel ging es ihr so, wenn die Schülerinnen ihren üblichen Spaziergang machten. Dann fiel ihr plötzlich ein, was in diesem Augenblick alles am Red Lion Square los war: „Die werden jetzt alle auf den Platz herausgelaufen kommen. Queenie und Daphne gehen miteinander und quasseln über die neueste Mode, vielleicht zusammen mit Betty und Jill. Madame Volonaise überquert jetzt vielleicht auch gerade den Platz, um in ihr Auto einzusteigen. Ich wollte, ich könnte das alles aus der Nähe sehen!" Sie seufzte.

Am Morgen war es oft das gleiche. Sie konnte alle genau vor sich sehen, wie sie da über den Red Lion

Square auf die Schule zugingen, die Stufen hinaufliefen, durch die Halle, in der das große Porträt ihrer Mutter hing und ihre Ballettschuhe ausgestellt waren. In solchen Minuten fiel Cindy die Zeit im Internat dann doch schwer. Zum Teil lag das aber auch daran, daß sie in London schon eine kleine Berühmtheit geworden war, wenigstens in ihrer Altersgruppe. In Chalk Green war sie nur ein Niemand, irgendeine Neue, die außer von London von nichts eine Ahnung hatte. Sie vertrug sich zwar gut mit ihren Zimmergenossinnen und mit den meisten anderen auch, aber es kannte sie noch immer keiner so recht. Eigentlich wollte sie nur nicht vor sich selbst zugeben, daß es ihr fehlte, so angesehen wie an der Dominick-Schule zu sein. Sie wußte einfach, daß sie nie so heimisch werden würde in Chalk Green, obwohl sie nun viel bessere Leistungen brachte und es jetzt auch auf dem Land langsam Frühling wurde.

Immerhin, als die Luft warm und freundlich wurde, schlug sie Rose schon mal vor, sich eingehender mit den Blumen und Bäumen von Chalk Green zu beschäftigen, ihre Namen kennenzulernen und sie vielleicht sogar zu zeichnen.

Rose schüttelte über diesen Vorschlag verständnislos den Kopf. Blumen sagten ihr nur etwas im Blumenladen oder in den Ständen auf der Straße.

„Was soll das denn!“ sagte sie erstaunt. „Wozu soll das gut sein? Auf der Wiese schauen sie ja ganz hübsch aus, vor allem wenn sie so massenhaft blühen wie die Butterblumen, aber ich kann nicht einsehen –“

„Wirst du schon noch“, widersprach Cindy und zerrte ihre Freundin in Richtung Bibliothek, „ich hab’ da ein Buch gelesen, in dem steht, daß immer mehr Blumenarten und Tiere auf der Erde aussterben. Wer weiß, ob wir das alles in zehn Jahren noch sehen können."

„Und ich dachte immer, du liest nichts anderes als Ballettbücher", sagte Rose immer noch ganz verständnislos, „und höchstens ab und zu ein Theaterstück." Aber sie war kein Spielverderber, und so verzogen sie sich mit drei dicken Bestimmungsbüchern in Richtung Garten.

Als Rose sie draußen auf der Wiese über ihre plötzliche Veränderung ausquetschte, gab Cindy zu, daß die Idee von Madame Volonaise stammte. „Sie meinte, ich sollte nicht bloß Ballettbücher lesen. Und vielleicht hat sie recht damit."

„Und statt dessen liest du jetzt Umweltbücher?" wunderte sich Rose.

„Ich finde, das ist doch wichtig. Du nicht?" wehrte sich Cindy. „Stell dir doch nur mal vor, all die Blumen gibt es vielleicht bald nicht mehr, nur weil dauernd dieser saure Regen drauffällt. Hast du noch nie vom Waldsterben gehört? Oder von dem ganzen Gift im Boden und im Trinkwasser und –"

„Schon gut", sagte Rose beschwichtigend, „ich guck' mir deine Bücher ja an, wenn ich schon mal hier auf dem Land bin." Und wirklich holte sie sich am nächsten Tag auch ein Buch mit dem Titel „Gefährdete Pflanzenwelt" aus der Bibliothek und vertiefte sich darin. Zuerst nur, um Cindy einen Gefallen zu tun, aber mehr und mehr auch aus eigenem Interesse.

Nach einem anstrengenden Vormittag mit Ballettstunden und dem normalen Unterricht freuten sich beide, nachmittags ein paar Stunden und am Wochenende sogar ganze Tage frei zu haben. Dann radelten sie meistens mit einer Gruppe von Mädchen querfeldein, durch Dörfer und Ortschaften, sogar bis nach Chequers, dem Wochenendhaus des Regierungschefs.

Cindy hatte neuerdings sogar angefangen, sich mit den kleinen Örtchen und ihren alten Kirchen zu beschäftigen, die aus dem grau-weißen, gesprenkelten Stein gebaut waren, den man hier überall fand. Miss Crawford, die sie oft auf solchen Radtouren begleitete, war beeindruckt von Cindys neuen Interessen und beantwortete nach Kräften alle ihre Fragen. Auch sie wunderte sich über die Veränderung.

„Als Cindy hier ankam", sagte sie eines Tages zu Miss O'Donnell, „hatte sie nichts anderes im Kopf als Ballett und Theater. Kann man ja verstehen, aber schade wäre es doch gewesen für eine Vierzehnjährige."

„Da haben Sie recht", antwortete die Tanzlehrerin, „manche sind schon furchtbar affig. Cindy tanzt wirklich gut, jetzt sogar viel besser, als ich anfangs dachte. Aber wenn die Mädchen nur noch das Tanzen im Sinn haben, dann bekomme ich es mit der Angst zu tun. Was bleibt ihnen denn noch im Leben, wenn es aus irgendeinem Grund mit der Tanzkarriere nichts wird?"

„Ja, diese Sorge habe ich auch", bestätigte Miss Crawford, „wir haben manches Mal fast eine Katastrophe erlebt. Schließlich schafft es ja doch nur eine von zehn Schülerinnen bis zur Dominick-Truppe. Deshalb ist es richtig beruhigend, Cindy und Rose mit der Nase in ihren Pflanzenbüchern zu sehen."

„Ich kenn' mich fast nicht wieder", sagte Rose zu Cindy eines Nachmittags, als die sechs Mädchen aus Raum Ivory voller Kletten und mit schlammigen Schuhen von einem ihrer wilden Spaziergänge zurückkehrten.

„Ich mich auch nicht“, gab ihr Cindy recht und lachte. Sie fühlte sich glücklich in Chalk Green.

Es war ein paar Wochen später, als sie sich auf einem dieser Spaziergänge mit Rose von den anderen Schülerinnen entfernt hatte. Die beiden Freundinnen waren auf einen steil abfallenden Kreidefelsen geklettert, den sie ganz für sich alleine hatten. Von fern hörten sie das Gelächter der anderen. Sie lagen auf dem Rücken, schauten in den blauen Himmel und redeten über die Schule.

Plötzlich setzte sich Cindy auf und lauschte. „Was war denn das für ein Geräusch?“ fragte sie. „Da wimmert doch was, das hört sich nach einem verletzten Tier an.“ Sie sah sich um.

„Ich weiß nicht, es kommt irgendwo von da unten her“, sagte Rose unsicher und spähte in die Tiefe.

„Ich glaube, wir müssen nachsehen“, beschloß Cindy. Schon war sie auf den Beinen und rutschte auf allen vieren den Abhang hinunter, durch Gestrüpp und Unterholz hindurch. Ein paarmal blieb sie mit ihren langen Haaren darin hängen, riß sich aber so schnell wieder los, daß es fast weh tat. Ein paar Steine kollerten hinter ihr her.

„Paß auf dich auf, Cindy!“ rief Rose ihr angstvoll nach. „Soll ich nicht lieber die andern holen? Da kommst du ja nie wieder rauf!“

„Dann geh’ ich eben unten rum“, schrie Cindy zurück, „ich glaub’, da unten ist die Straße. Ich schaff’ das schon alleine. Du, Rose, ich glaub’, es ist ein Hund oder ein Fuchs. Er wimmert ganz unglücklich.“ Sie arbeitete sich durch die Büsche vor.

Rose wollte nicht allein zurückbleiben, glitt aber sofort auf dem trockenen, glatten Boden aus auf Cindy zu, und beide wären beinahe unaufhaltsam weitergerutscht, wenn Cindy sich nicht rechtzeitig an einem Ast festgehalten und die gemeinsame Rutschpartie zum Halten gebracht hätte.

„Oje!“ meinte sie. „Jetzt hab’ ich mir die Hose zerrissen! Das gibt sicher wieder Ärger mit dem ‚Drachen‘! Wo ist denn jetzt das Viech überhaupt?“ fragte sie.

„Auf jeden Fall nicht weiter unten“, erklärte Rose, „es muß irgendwo hier sein.“ Sie zeigte in das Unterholz.

„Hoffentlich hat es sich nichts Schlimmes getan. Ich kann nämlich kein Blut sehen“, sagte Cindy besorgt. „Vielleicht hätten wir doch die anderen holen sollen. Na ja, aber dafür ist es jetzt zu spät.“ Das klägliche Wimmern war plötzlich ganz nah zu hören und ging den beiden Mädchen durch und durch.

„Hier ist er!“ schrie Rose plötzlich laut auf. „Es ist ein Hundebaby, ganz winzig. Er ist in eine Grube gefallen und kommt nicht mehr raus. Oh, wie schrecklich, er ist voller Blut!“

So schnell sie konnte, kämpfte sich Cindy zu der Grube vor und sah auf deren Boden einen kleinen, schwarzweißen Hund, der mit Panik in den Augen zu ihnen heraufschaute.

„Der Arme!“ rief Cindy aus und beugte sich hinunter. „Ich kletter’ mal runter und heb’ ihn dir rauf. Aber halt ihn bloß fest, sonst rennt er noch weg vor lauter Angst!“

Aber der Welpe hätte gar nicht weglaufen können. Eines seiner Beine war böse aufgerissen, blutig und hing kraftlos herab. Das verzweifelte Wimmern wurde noch durchdringender, als Cindy nun ihre Hand vorsichtig unter den kleinen Körper schob. Sie mußte die Zähne zusammenbeißen, weil sie keine Möglichkeit sah, dem kleinen Tier jetzt nicht weh zu tun.

„Hör zu, Rose!“ rief sie hinauf. „Ich kann ihn dir doch nicht raufgeben. Ich nehme ihn am besten in den Arm, und du ziehst mich am andern wieder hoch. So tut's ihm noch am wenigsten weh.“ Sie streckte einen Arm nach oben. Rose packte ihre Hand und zog mit aller Kraft, bis Cindy mit wirrem Haar und zerkratztem Gesicht wieder oben stand. Der kleine Hund hatte aufgehört zu winseln und schmiegte sich zutraulich in ihren Arm.

„Ich glaube, da geht's ihm erst mal ganz gut“, sagte sie, „aber wie kriegen wir ihn jetzt wieder auf den Hügel? Am besten, du gehst voraus, und wenn ich nicht mehr weiterkomme, ziehst du mich an einer Hand hoch. Mit der andern werde ich ihn schon halten können.“ Sie streichelte den kleinen Kerl vorsichtig.

„Aber wohin willst du ihn denn überhaupt bringen?“ fragte Rose. „Der muß doch als erstes zum Tierarzt mit seinem Bein.“

„Nein“, überlegte Cindy, während sie über den zarten Hundekopf strich. „Wir bringen ihn natürlich nach Chalk Green. Da können wir dann ja den Tierarzt anrufen. Bis dahin machen wir ihm schon mal irgendwo ein Lager, und zu essen muß er ja auch was kriegen. Was frißt so ein Hundekind? Milch wahrscheinlich, oder?“

„Aber der gehört doch bestimmt irgendwelchen Leuten!“ gab Rose nun zu bedenken.

Cindy stand einen Augenblick nachdenklich da und betrachtete den kleinen Hund auf ihrem Arm. Dann meinte sie entschlossen: „Auf jeden Fall haben sie sich dann aber nicht gut um ihn gekümmert. Sonst wäre er da schließlich nicht runtergefallen. Später können wir ja vielleicht ein Inserat in die Zeitung setzen oder so was. Aber jetzt behalt' ich ihn erst mal. Also los, du voran."

Mit viel Mühe schafften sie es, durch das dichte Gestrüpp zu dem Weg hinaufzuklettern, wo die anderen Schülerinnen auf sie warteten und ihnen schon von weitem zuriefen. Cindy sah abenteuerlich aus: Die Haare fielen ihr wirr ins Gesicht, sie war überall zerkratzt, und auf ihrem T-Shirt war Blut. Erstaunte Ausrufe begrüßten sie: „Oh, Cindy! Wie siehst du aus! Mensch, deine Hose! Da läuft das Blut ja nur so runter! Was ist denn passiert? Der süße kleine Hund! Ist es schlimm? Ist der in eine Hasenfalle geraten? Hat er sich was gebrochen?" Alle umringten sie.

„Könnte schon sein", sagte Cindy mit einer Entschlossenheit, die man sonst gar nicht kannte an ihr. „Das Wichtigste ist jetzt, daß wir ihn ins Internat bringen. Da ruf' ich dann den Tierarzt an." Ihre Freundinnen waren von ihrer Energie und Sicherheit ganz überrascht. Sonst hielt sich Cindy doch immer im Hintergrund. Mit schnellen Schritten machte sie sich aber schon auf den Weg, hatte nur noch Augen für den kleinen Hund in ihrem Arm. Mit Mühe konnte Rose an ihrer Seite bleiben, die anderen mußten fast laufen. Als der ganze Trupp aufgeregt durcheinanderrufend in die Halle vom Internat reingestürzt kam, bekam Miss Crawford einen richtigen Schreck. Cindy redete sofort auf sie ein: „Ich hab' ihn im Wald gefunden, Miss Crawford, in einer Art Grube. Er hat sich das Bein verletzt, es blutet überall. Darf ich bitte den Tierarzt anrufen? Und, bitte, darf er hierbleiben? Ich glaub' nicht, daß er jemandem gehört, und er könnte doch das Internats-Maskottchen werden!" Sie sah die Lehrerin bittend an.

Miss Crawford zögerte einen Moment. Das verletzte

Bein sah wirklich beunruhigend aus. „Natürlich", sagte sie, „wir müssen sofort den Tierarzt holen, aber vielleicht ist es etwas Schlimmeres, so daß das arme Tier eingeschläfert werden muß."

„Nein", rief Cindy erschrocken, „ich tu' alles für ihn, wenn ich das darf, ich werde ihm die Wunden auswaschen und ihm das Bein verbinden und ihm Essen machen und ihn füttern, solange er krank ist. Ich weiß ja, er kann nicht richtig mir gehören, aber –" Sie war ganz rot im Gesicht.

„Nun, wir werden sehen, was der Arzt sagt", erwiderte Miss Crawford ausweichend. Sie schlug die Nummer des Tierarztes nach, rief ihn an und sprach kurz mit ihm.

„In einer halben Stunde ist er da", sagte sie dann zu der wartenden Gruppe. „Wenn der kleine Welpe gerettet werden kann, dann frage ich Miss Sutherland, ob wir ihn behalten dürfen. Wie ich sie kenne, wird sie sagen, wir müssen wenigstens in der Regionalzeitung inserieren. Aber vielleicht ist ja tatsächlich keiner interessiert an ihm." Alle jubelten durcheinander.

„Danke, Miss Crawford, vielen Dank!" rief Cindy begeistert.

„Ruhe, Ruhe!" lachte die. „Inzwischen könnt ihr schon mal in den Pferdestall gehen und ihm ein Lager zurechtmachen. Da liegen doch sicher ein paar saubere Säcke herum, und ich schau' mal, ob ich nicht ein altes Kissen finde. Und ein bißchen warme Milch bringe ich ihm dann auch." Sie machte sich auf den Weg in die Küche.

„Die ist aber wirklich nett!" sagte Rose, als sie alle zusammen in den Stall gingen.

Der Tierarzt, der kurz danach kam, war noch jung,

aber erfahren und gründlich. Er untersuchte gewissenhaft das Bein des Welpen, so lange, daß es Cindy schon fast mit der Angst bekam. Dann gab er dem Hund eine Spritze, reinigte die Wunde und bandagierte das Bein. Während der ganzen Zeit durfte Cindy ihm assistieren.

„Es sieht ja schlimm aus“, sagte er abschließend, „aber er hat sich Gott sei Dank nichts gebrochen. Ich glaube, er wird durchkommen, es besteht keine Entzündungsgefahr. Ein hübscher Hund, ein Mischling natürlich, aber ziemlich gelungen. Morgen schau' ich wieder nach ihm.“ Er packte seine Tasche.

„Da bin ich aber erleichtert“, seufzte Cindy auf und mußte dem Hund schnell die Ohren rubbeln. Es war das erste Mal, daß sie sich so für ein Tier eingesetzt hatte. „Wenn er wieder gesund ist, soll er nämlich das Maskottchen des Internats werden.“

Der Tierarzt lachte. „Und kriegt einen Ballettnamen vermutlich, was?“

„Das weiß ich noch nicht“, überlegte Cindy, „aber das wäre keine schlechte Idee. Ich glaub', ich muß auch die anderen fragen. Aber Petruschka würde doch gut passen, oder? Dann könnten wir ihn Pet nennen, oder so.“ Sie runzelte die Stirn.

„Na, also ich würde ihn ja Whisky nennen“, sagte der junge Mann schmunzelnd, als er aufbrach.

Kurz darauf kam auch die offizielle Erlaubnis, daß der kleine Hund bleiben durfte – allerdings unter der Bedingung, daß ein Inserat in der Zeitung erschien, falls ihn doch jemand vermißte. Cindy hätte bereitwillig die ganzen Kosten von ihrem Taschengeld bezahlt, den Tierarzt und noch das Inserat, aber Rose und die anderen aus ihrem Zimmer wollten unbedingt auch etwas dazu beitragen.

„Natürlich helfen wir alle mit“, meinten sie. „Es wird nämlich ein ganz schön langes Inserat werden müssen. Das kostet sicher einen Haufen Geld.“

Auf jeden Fall bekam der Welpe schon mal den Namen Petruschka. Keinem war etwas Besseres eingefallen, nur Rose hätte ihn lieber nach Hilarion aus „Giselle“ benannt, aber das klang für einen Hund doch etwas blöd.

Schon nach einer Woche lief der „Patient“ sogar mit seinem bandagierten Bein wieder ganz lustig herum. Das Inserat wurde ein paar Tage später gedruckt, aber niemand meldete sich, und so lebte sich Petruschka zufrieden in seine neue Rolle als Maskottchen von Chalk Green Manor ein. Vermutlich war er der verwöhnteste Hund in ganz Buckinghamshire. Cindy sah er als sein Frauchen an, obwohl sie energisch versuchte, ihm beizubringen, daß er auch allen andern gehörte. Aber sie hatte ihn gerettet und ihn gepflegt, als er krank war. Das genügte Petruschka.

„Hochzeit in der Bretagne“

Als Cindys erste Briefe aus Chalk Green bei ihren Großeltern in Melbourne ankamen, hatten die sich noch ernste Sorgen um ihre Enkelin gemacht. Cindys Berichte sollten zwar fröhlich klingen, aber Mrs. Chester spürte genau, daß diese Fröhlichkeit aufgesetzt war und Cindy sich tapfer anstrengte, glücklich zu erscheinen, es ihr aber in Wirklichkeit überhaupt nicht gefiel. Um so erleichterter waren ihre Großeltern dann auch, als sie aus den letzten Briefen herauslesen konnten, daß Cindy sich endlich eingelebt hatte.

Von ihren Sorgen um Cindy hatte Mrs. Chester trotzdem selten mit ihrem Mann gesprochen. Sie war ihrem ganzen Wesen nach weder sentimental noch offenherzig, ja sogar ausgesprochen unfähig, ihre Gefühle zu zeigen. Cindy war fast noch im Babyalter zu ihr gekommen, mit 18 Monaten, und wurde mit aller Liebe und zur Zufriedenheit beider Großeltern aufgezogen. Es gab zwar einzelne Charakterzüge in dem Kind, die Mrs. Chester von Anfang an zu korrigieren versuchte, Cindys plötzliche Temperamentsausbrüche zum Beispiel oder ihre, wie Mrs. Chester es nannte, ‚leicht verrückten' Launen und Stimmungswechsel. Sie hatte sich bemüht, Cindy zu mehr Ausgeglichenheit zu bewegen, auch mit einigem Erfolg, mußte aber doch am Ende vor dem starken Willen Cindys kapitulieren – dem tief eingewurzelten, unerschütterlichen Entschluß zu tanzen. In diesem Punkt war die Tochter genau wie ihre Mutter, die große Elizabeth Ivory. Als dann in diesem Jahr für Mrs. Chester die Entscheidung kam, sich entweder um ihren Mann oder um Cindy zu kümmern, fiel ihr die Wahl nicht leicht. Aber sie wußte, was sie zu tun hatte: Sie begleitete ihren Mann nach Australien. Schließlich war Cindy mit ihren vierzehn Jahren kein kleines Kind mehr. Und außerdem, hatte sie sich gesagt, würde es ihr guttun, auch einmal ohne die Ratschläge der Großeltern ihr eigenes Leben zu führen.

Mrs. Chester hätte nie zugegeben, welchen Kummer ihr die Trennung von Cindy machte. Vergeblich hatte sie sich bemüht, die ganze Angelegenheit nur von der vernünftigen Seite zu betrachten. Chalk Green Manor ist immerhin ein angesehenes Internat, sagte sie sich immer wieder, und wenn etwas passiert, ist ja noch Mrs. Pilgrim da. Und im Fall einer ernsteren Krankheit Cindys könnte sie sofort das Flugzeug nehmen und wäre in ein oder zwei Tagen bei ihr. Soweit hatte sie wirklich alles geregelt, und es war ja auch bisher gutgegangen. Aber trotzdem konnte sie richtig fühlen, daß Cindy in den ersten Wochen ihrer Verbannung nur unglücklich war und sich nach Hause sehnte, nach London und ihrer geliebten Dominick-Schule.

„Ich hoffe nur, daß ich für Cindy das Richtige getan habe", sagte Mrs. Chester manchmal mit leisem Selbstzweifel, als die ersten Briefe angekommen waren. Doch zu mehr ließ sie sich nicht hinreißen.

Ihr Mann dagegen machte sich ganz offen Sorgen. Er liebte Cindy sehr und konnte das auch leichter zeigen als Mrs. Chester. Auf der anderen Seite lag ihm aber auch daran, neue berufliche Erfahrungen in Australien zu sammeln, ganz abgesehen davon, daß das warme Klima seiner angegriffenen Gesundheit wirklich guttat.

Nach den Osterferien aber, die Cindy auf der Farm von Jennys Eltern verbracht hatte, kamen nun zu seiner Erleichterung plötzlich ganz andere Briefe an. Es war deutlich herauszulesen, daß Cindy in bester Verfassung und guter Laune war, sogar als sie wieder nach Chalk Green zurückmußte. Die Großeltern waren überrascht und erfreut, daß Cindy neue Interessen entdeckt hatte und nicht mehr ‚nur vom Tanzen gefesselt' war, wie Mrs. Chester das in ihrer strengen Art bezeichnete. Natürlich sprach Cindy noch immer hauptsächlich vom Ballett, über den Unterricht, ihre Fortschritte und daß die Lehrerin mit ihr zufrieden war. Aber mehr und mehr erzählte sie nun auch von ganz anderen Dingen.

„Jetzt ist endlich Wasser im Swimmingpool“, schrieb sie zum Beispiel Ende Mai, „er ist klein, aber er liegt sehr schön, gleich neben dem Obstgarten. Auf einer Seite ist er fast zwei Meter tief, und auf der anderen geht mir das Wasser nur bis zum Bauch. Ich habe schon einmal darin gebadet, es war toll, einfach im Wasser zu liegen und lauter Apfelbäume über mir zu sehen.

Petruschka hat sich gut erholt und wird allmählich immer größer und hübscher. Wenn wir spazierengehen, ist er fast immer dabei. Am liebsten würde er auch schon mitrennen, wenn wir einen Radausflug machen, sein Bein ist schon gut verheilt und fast so kräftig wie die andern drei. Aber ich denke, es ist noch zu hart für ihn, neben dem Fahrrad mitzulaufen. Später mal wird er ein richtiger Sprinter, glaube ich. Alle hier mögen ihn gern, aber irgendwie gehört er zu mir. Ich weiß nur nicht, was aus ihm werden soll, wenn ich mal von Chalk Green weggehe.

Übrigens: Neuerdings interessiere ich mich sehr für Naturschutz, besonders seit ich gelesen habe, daß heutzutage so viele Blumenarten vom Aussterben bedroht sind. Ich hätte gern, daß auch Rose sich dafür interessiert, aber sie hat noch Heimweh nach London, genau wie ich am Anfang. Ich finde aber, wir sollten die Gelegenheit ausnützen, etwas von der Natur und der Landschaft mitzubekommen, die es in London nicht gibt und bald vielleicht auch hier überhaupt nicht mehr. Eigentlich müßte man ja die ganze Landschaft hier unter Naturschutz stellen.

Ich lese überhaupt viel zur Zeit, aber nicht mehr nur lauter Ballettbücher. Letzte Woche habe ich zum Beispiel ein tolles Buch über Italien gelesen. Können wir da nicht einmal hinfahren, nächstes Jahr vielleicht? Mit Emilia lerne ich sogar jeden Tag ein paar Sätze Italienisch. Wenn man sie reden hört, ist Italien ein wunderschönes Land und Genua die schönste Stadt von allen, mit herrlichen Straßen und Plätzen und einem großen Hafen. Vielleicht übertreibt sie ja, aber ich würde doch wahnsinnig gern mal das Mittelmeer sehen und an der Küste spazierengehen.

Hier in Chalk Green ist jetzt schon ein wunderschöner Frühsommer. Trotzdem denke ich noch oft an London zurück. Letzte Woche waren wir mal da, in einer Ausstellung und in einem Konzert. Die Dominick-Truppe ist jetzt nach ihrer Europa-Tournee schon wieder auf Reisen, aber nur in England. Schade, daß wir sie nicht sehen konnten. Ich habe gehört, daß sie jetzt auch Opern machen wollen.

Wenn wir nächste Woche ein paar Tage frei haben, werde ich mit Rose zu ihr nach Hause fahren. Miss Sutherland hat Mrs. Pilgrim um Erlaubnis gebeten, und sie hat ja gesagt. Viele von uns hier haben ja keine Freunde in der Nähe, bei denen sie ein paar freie Tage verbringen können. Aber Rose ist ganz glücklich, wenn ich mit ihr nach London komme.“

Im Grunde war Mrs. Chester die letzte Nachricht aus Cindys langem Brief gar nicht recht. Denn altmodisch wie sie war, hatte sie etwas dagegen, daß Cindy ihre Freizeit in dem Haus von Roses Eltern verbringen würde, die nicht so reich waren wie die Chesters. Sie hatte da komische Vorstellungen. Aber sie konnte nichts dagegen tun. Schließlich hatte sie Mrs. Pilgrim Vollmacht gegeben, solche Entscheidungen zu treffen, und Cindy war ja nun alt genug, sich ihre Freunde selbst auszusuchen. Und wenn Mrs. Chester ganz ehrlich mit sich war, mußte sogar sie zugeben, daß Rose ein guterzogenes, nettes Mädchen war.

Von diesen Überlegungen ahnte Cindy zum Glück nichts. Sie konnte das lange Wochenende mit Rose kaum erwarten, obwohl sie ein wenig bedauerte, daß sie dann nicht zu Jenny auf die Farm fahren konnte. Aber dafür würde sie London wiedersehen! Sie hatte sich schon alles genau ausgedacht: Erst wollte sie mit Rose wieder ihre alten Straßen und an der Themse entlanglaufen, die sie so gut kannte, und am Montag wollten sie sogar kurz in die Dominick-Schule hineinschauen und ihre alten Freundinnen treffen.

Das allein wäre schon phantastisch genug gewesen, aber es gab noch etwas ganz Besonderes, weswegen sie unbedingt nach London mußte. Eines Tages hatte Cindy den Veranstaltungskalender der kommenden Theaterstücke und Filme in der *Times* durchgelesen. Dabei entdeckte sie ganz unten auf der Seite etwas, was sie im selben Augenblick ganz blaß werden ließ. Fast glaubte sie, das Herz müßte ihr stehenbleiben vor Schreck: Da stand der Name ihrer Mutter. In einem Kino in der Tottenham Court Road lief ein Film, „Hochzeit in der Bretagne", und ihre Mutter spielte die Hauptrolle! „Der schönste Ballettfilm aller Zeiten" stand darüber.

Als Cindy auf diese Kinoanzeige stieß, war sie glücklicherweise gerade allein im Lesezimmer, sonst hätte bestimmt jemand ihr erschrockenes Gesicht gesehen und sie mit blöden Fragen belästigt. Sie hatte gar nicht gewußt, daß ihre Mutter, die vor vielen Jahren bei einem Flugzeugunglück ums Leben gekommen war, in einem Film mitgespielt hatte. Ihr wurde fast schwindlig bei dem Gedanken, sie zu sehen. Und sie auch noch tanzen zu sehen, ihre eigene Mutter!

Cindy ließ die Zeitung fallen und schlug die Hände vors Gesicht. Sie spürte ihr Herz im Hals klopfen, und die Tränen schossen ihr plötzlich in die Augen. Lange saß sie so da, ohne sich zu rühren, und versuchte, ihre rasenden Gedanken zu sammeln. Warum hatte ihre Großmutter nie davon gesprochen, daß Elizabeth Ivory auch Filme gedreht hatte? Meinte sie vielleicht, daß solche alten Filme nie mehr laufen würden? Aber trotzdem hätte sie ihr doch mal was davon sagen können! Oder sollte Cindy ihre Mutter vielleicht nicht sehen dürfen? Wahrscheinlich hatte Mrs. Chester es deshalb verschwiegen, weil sie zu Anfang überhaupt gegen Cindys ‚übertriebene' Ballett-Begeisterung war – typisch!

Schließlich wischte sich Cindy die Augen mit dem Ärmel trocken und stand auf. Sie mußte unbedingt mit Rose sprechen, auch wenn sie ihr das Geheimnis nicht verraten durfte, wer ihre Mutter war. Die Kinoseite der Zeitung nahm sie mit. „Rose", sagte sie mit erzwungener Ruhe, als sie ins Zimmer kam, „da läuft ein Film, den wir auf jeden Fall sehen müssen. Hier, ‚Hochzeit in der Bretagne', ein Ballettfilm."

„Zeig mal!" Rose nahm ihr die Zeitung aus der Hand. „Mensch! Hast du das gesehen? Da spielt ja die Elizabeth Ivory mit! Ist die nicht schon vor langer Zeit gestorben?"

„Vor genau zwölf Jahren", sagte Cindy ruhig, „ich wußte gar nicht, daß es diesen Film mit ihr gibt. Was meinst du, gehen wir rein?" Sie sah ihre Freundin erwartungsvoll an. „Klar", entschied Rose mit Bestimmtheit, „unbedingt müssen wir uns den ansehen. Das Stück ist ja seitdem nie wieder auf die Bühne gebracht worden, glaube ich."

„Nein“, sagte Cindy, „keine von uns Jüngeren hat es jemals gesehen, seit die Ivory gestorben ist. Vielleicht glauben sie, es bringt Unglück, oder so.“ Sie setzte sich auf ihr Bett.

„Könnte sein“, meinte Rose nachdenklich, „ist die Ivory nicht kurz danach irgendwie bei einem Unfall ums Leben gekommen?“ Bevor Cindy antworten konnte, tauchte plötzlich Miss O’Donnell an der Tür auf und fragte: „Habt ihr auch diesen Ballettfilm in der Zeitung entdeckt?“

„Ja, grade eben“, bestätigte Rose, „Cindy hat ihn gefunden. Und stellen Sie sich vor, Elizabeth Ivory spielt darin mit!“

„Ich weiß“, antwortete Miss O’Donnell lächelnd, „ich habe den Film damals gesehen. Es war wirklich ein unvergeßliches Erlebnis. Heute würde man einen Ballettfilm vielleicht anders machen, mit mehreren Kameras oder speziellen Lichteffekten oder was weiß ich. Aber ‚Hochzeit in der Bretagne‘ ist trotzdem einer der besten Ballettfilme, die ich kenne. Wollt ihr ihn euch nicht ansehen? Ihr werdet ganz begeistert sein. Vielleicht schau’ ich ihn mir sogar selbst noch mal an, nur um wieder einmal die Ivory zu erleben.“ Sie nickte den beiden zu und ging ins Lehrerzimmer.

Von dieser Minute an hatte Cindy nur noch einen Gedanken: diesen Film zu sehen. Die Zeit bis zu dem freien Wochenende zog sich unendlich lang hin, und jeden Abend war Cindy froh, daß schon wieder ein Tag vergangen war. Endlich wurde es doch noch Freitag, und sie machten sich auf den Weg in die Stadt, zusammen mit einer Gruppe Schülerinnen, die auch alle nach London fuhren. Während der ganzen Bahnfahrt sprach Cindy fast kein einziges Wort und saß nur still da, tief in Gedanken an ihre Mutter versunken und den Film, in dem sie sie endlich einmal sehen würde.

Als sie schließlich mit Rose in deren Wohnung ankam, wurde sie von Mrs. Conway und Roses Geschwistern gleich mit lautem Hallo begrüßt.

„Du siehst aber gut erholt aus, Cindy“, sagte Mrs. Conway, „und auch du hast ja ordentlich Farbe bekommen, Rose!“ Sie nahm ihre Tochter in den Arm und küßte sie. „Das ist das Landleben“, meinte Rose mit ungewohnter Begeisterung und kicherte, „die gesunden Gerüche, weißt du, die Bauernhöfe riechen, die Felder riechen, alles riecht da, du mußt nur tief einatmen. Nein, wirklich, es ist einfach nicht so schmutzig wie in der Stadt. Übrigens, Cindy und ich wollen heute abend ins Kino. Das ist doch okay, oder? Wenn wir in die 6-Uhr-Vorstellung gehen, sind wir vor 9 Uhr wieder zurück.“ Sie setzte sich aufs Sofa.

„Aber natürlich“, stimmte Mrs. Conway sofort zu, „es sind eure Ferien, genießt sie nur ausgiebig! In eurem einsamen Dorf da draußen gibt es doch nie einen aufregenden Film!“

Als Cindy mit Rose dann später am Abend in der Tottenham Court Road aus der U-Bahn kam und auf das Kino zuging, hatte sie plötzlich Angst davor. Sie hatte den Augenblick so ungeduldig herbeigesehnt, aber jetzt traute sie sich fast nicht mehr, ins Kino zu gehen. Der Gedanke, daß sie jetzt gleich ihre Mutter sehen sollte, so als ob sie noch lebte, machte ihr fast wacklige Knie. Einen Augenblick lang dachte sie, wieviel einfacher es für sie wäre, mit Rose darüber zu sprechen und ihr das große Geheimnis anzuvertrauen. Aber sie hatte sich nun einmal vorgenommen, es niemandem zu verraten, und dabei blieb sie auch.

Vor der Kasse mußten sie sich anstellen und erkannten einige Mädchen aus der Dominick-Schule in der Schlange. Eine winkte ihnen zu. „Hallo, auch mal wieder in der Stadt?“ rief sie. „Mr. Dominick hat uns gesagt, wir müßten uns den Film ansehen. Er meint, es ist eine Schande, daß er so lange nicht gezeigt worden ist. Die Ivory! Toll, was?“ Cindy konnte nur nicken.

Als sie dann auf ihren Plätzen saßen und das Licht langsam ausging, wurde Cindy wieder von dieser unheimlichen Aufregung gepackt. Vor dem Film kam noch die übliche Reklame und ein alberner Zeichentrickfilm, bei dem Rose ein paarmal lachte, aber Cindy sah und hörte nichts mehr. Sie wartete nur noch atemlos auf den Hauptfilm. Endlich fing er an. In riesigen Buchstaben leuchtete es von der Leinwand herunter: ‚Elizabeth Ivory‘. Die vielen anderen Namen las Cindy gar nicht mehr.

„Cindy“, stieß ihre Freundin sie an, „hast du das gesehen? Miss Whiteway spielt auch mit, im Corps de ballet. Was meinst du, schaut sie sich den Film auch an? Das muß doch furchtbar sein, wenn man sich selber im Ballett sieht und nicht mehr tanzen kann!“

Wenn du wüßtest, dachte Cindy bei sich, was es für ein Gefühl ist, die eigene Mutter, die nicht mehr lebt, in einem Film tanzen zu sehen!

„Miss Whiteway ist verreist“, sagte sie statt dessen aber ruhig, „in Schottland mit der Dominick-Truppe. Soviel ich weiß, ist sie inzwischen ganz glücklich, daß sie jetzt die Bühnenbilder macht, seit sie sich das Bein gebrochen hat.“

Danach sagte sie nichts mehr. Sie vergaß alles um sich herum und wartete nur noch auf den Auftritt ihrer Mutter. Vor längerer Zeit hatte sie schon einmal etwas über das Stück gelesen. Es war ein Ballett in drei Akten, und der erste Akt spielte in einem kleinen Küstendorf. Erst tanzte die Gruppe der Fischer allein, später kamen dann auch die Mädchen hinzu. Elizabeth Ivory hatte die Rolle der Josette. Wieder mußte Cindy warten, der Tanz der Fischer wollte und wollte kein Ende nehmen. Sie konnte die Darbietung gar nicht genießen, so aufgeregt war sie jetzt. Dann endlich öffnete sich links die Tür einer Fischerhütte, und zwei Tänzerinnen kamen heraus. War jetzt, fragte sich Cindy, eine von diesen ihre Mutter? Und von neuem erschrak sie, denn siedendheiß fiel ihr plötzlich ein, daß sie sie vielleicht überhaupt nicht erkennen würde, so für die Bühne geschminkt und im Kostüm. Verzweifelt sah sie den beiden Tänzerinnen ins Gesicht, um irgendeine Ähnlichkeit zu entdecken. Hin- und hergerissen von Angst und Zweifel glaubte sie einen Augenblick lang, die eine müßte ihre Mutter sein, nein, doch die andere, und im nächsten Moment plötzlich glaubte sie gar nichts mehr. Jetzt kamen noch mehr Mädchen auf die Bühne, und alle sahen sich zum Verwechseln ähnlich. Vor Verzweiflung hätte sie am liebsten losgeheult.

Da schwieg mit einem Mal die Musik, eine erwartungsvolle Pause trat ein, in einer Hütte rechts öffnete sich langsam eine Tür. Aber niemand kam heraus, sondern leise und beschwingt setzten die ersten Takte der Musik wieder ein. Cindy hielt den Atem an. Tief in ihrem Herzen wußte sie es plötzlich: Jetzt trat ihre Mutter auf! Langsam und mit kleinen Schritten schwebte aus der Türöffnung eine hohe, schlanke Gestalt, eine junge Frau von eindrucksvoller Schönheit. Ihre roten Haare waren glatt aus der Stirn gestrichen und im Nacken zu einem langen Pferdeschwanz gebunden. Die großen, grünen Augen blickten geradewegs zu Cindy herunter. Sie lächelte, nicht das übliche, etwas krampfhafte Ballerinenlächeln, sondern eines, das die ganze Figur in freundliches, warmes Licht zu hüllen schien. Sie bewegte sich mit gekonnter Leichtigkeit, und man spürte ihre große Ausstrahlung und Lebendigkeit. Cindy stockte der Atem. Ohne zu wissen, was sie tat, streckte sie ihren Arm zu Rose hin aus, packte ihre Hand und drückte sie in der Aufregung so kräftig, daß Rose gar nicht wußte, was los war. Aber als gute Freundin erwiderte sie gutmütig den festen Händedruck. „Ja, das ist die Ivory!“ flüsterte sie Cindy verständnisvoll zu.

Cindy konnte dazu nur noch schweigend nicken, ohne ihre Augen von ihrer Mutter zu lassen. Sie mußte jetzt einfach jeden Augenblick, jede Bewegung, jeden Blick dieser Tänzerin in sich aufnehmen, um sie in ihrem ganzen Leben immer bei sich zu haben. Wann hatte sie je wieder die Chance, ihre Mutter zu sehen? Sie beobachtete längst nicht mehr die perfekten Tanzschritte der Künstlerin wie sonst, sondern sah nur noch die elegante Frau auf der Bühne, die ihre Mutter war. Im letzten Akt, in dem die Fischer aus dem schrecklichen Sturm nicht mehr zurückkommen, hatte Josette ihr letztes Solo zu tanzen, in dem sie ihren Kummer und ihre Trauer über den Verlust ihres Mannes ausdrückt. Cindy kamen die Tränen, sie wußte nicht, ob es wegen der traurigen Musik war oder weil nun auch der Abschied von ihrer Mutter immer näher rückte. Als Josette gegen Ende ihres Auftritts ganz gebrochen zu Boden sank, hätte Cindy fast die Hand nach ihr ausgestreckt, um bei ihr zu sein. Dann war alles vorbei.

Als das Licht im Saal wieder anging, ließ sie endlich

Roses Hand los, trocknete sich hastig die Augen und drängte sich wortlos und wie verstört an allen anderen vorbei hinaus zum Ausgang. Rose kam das nun doch langsam etwas merkwürdig vor. Sie kannte ja ihre Freundin und wußte wohl, daß Cindy leicht die Tränen kamen, wenn sie etwas besonders Schönes im Ballett sah. Aber dieses plötzliche Davonstürmen und Cindys ganzer Ausdruck jetzt war ihr neu. Fast verlor sie sie in der Menge aus den Augen. Erst draußen vor dem Kino sah sie sie etwas abseits an der Ecke stehen und winken.

„Nun komm schon!“ rief Cindy ihr entgegen und rannte schon wieder los. Rose hatte Mühe, ihr zu folgen. Cindy rannte wie gehetzt die ganze Straße entlang und bog blindlings um die nächste Ecke. Sie fand sich in einem großen, baumbestandenen Hof wieder, wo es nicht mehr weiterging, blieb stehen und hockte sich da kraftlos einfach an eine Mauer. Dort holte Rose sie endlich ein.

„He, Cindy! Was hast du denn? Was soll das Gerenne?“ Dann erst sah sie, daß Cindy knallrot im Gesicht war, ganz merkwürdig aussah und ihr die Tränen in den Augen standen. Beunruhigt beugte sie sich zu ihr hinunter. „Bist du okay?“

„Ach, Rose!“ flüsterte Cindy hilflos und nun tränenüberströmt. „Du kannst es ja nicht verstehen. Ich hätte nie gedacht, daß es so schlimm ist!“ Sie weinte jetzt hemmungslos.

„Klar verstehe ich dich“, sagte Rose verunsichert, „das war wirklich ein phantastisches Ballett. Aber deshalb mußt du doch nicht gleich –“

„Aber Rose, hör doch zu!“ unterbrach Cindy sie atemlos. „Ich wollte es dir nie sagen, aber wenn ich es dir jetzt nicht sage, platze ich. Und du hältst mich sonst für verrückt. Sie ist – meine Mutter, und ich hab' sie eben zum ersten Mal gesehen!"

„Sag mal, wovon redest du da eigentlich?" Rose war jetzt echt überzeugt, daß bei Cindy im Oberstübchen nicht alles in Ordnung war. Sie legte ihr sanft die Hand auf den Arm und fragte beruhigend: „Wen hast du eben gesehen?"

„Meine Mutter. Elizabeth Ivory ist meine Mutter." Cindy schrie es fast heraus.

„Waaas?" Rose verzog ungläubig das Gesicht. „Das darf doch nicht wahr sein!" Sie sah völlig verblüfft aus.

„Ist aber wahr!" brachte Cindy nur noch heraus.

„Ich glaub', ich steh' im Wald!" rief Rose und setzte sich vor Schreck auf den Boden. Einige Augenblicke lang wußte sie überhaupt nicht mehr, was sie sagen sollte. Daß Cindy nicht log, war ihr sofort klar. Sie konnte es nicht fassen! Ihre Freundin Cindy war die Tochter der großen Elizabeth Ivory! Sie atmete erst einmal tief durch. Dann legte sie den Arm um ihre Freundin. „Und du hast nichts davon gesagt, wenn diese blöde Queenie immer mit ihrer Mutter angegeben hat", schüttelte sie ihren Kopf. „Mann, dabei kann sich diese Beryl Bertram doch nur noch verstecken neben deiner Mutter! Keinen Ton hast du gesagt die ganze Zeit! Mensch, Cindy, warum denn nur?"

„Das war auch ziemlich hart für mich", gab Cindy zu, „aber ich wollte eben nicht, daß es irgend jemand weiß."

„Bin ich etwa die einzige, der du es gesagt hast?" fragte Rose erschrocken.

„Nur Jenny und ihrer Mutter hab' ich es mal erzählt, und Miss Whiteway weiß es und Mr. Amberdown –"

„Der Theaterkritiker?"

„Genau. Aber sonst niemand. Und du darfst es auch niemand weitersagen. Das mußt du mir in die Hand versprechen!“ sagte Cindy eindringlich und wischte sich die Tränen ab.

„Klar! Heiliges Ehrenwort!“ erklärte Rose ernsthaft.

„Ich muß es nämlich ganz alleine schaffen, verstehst du?“ fuhr Cindy fort, und ihre nassen Augen blitzten. „Ich will nicht mit dem Namen meiner Mutter Reklame für mich machen. Ich will aus eigener Kraft eine große Tänzerin werden, und ich glaube, eines Tages werde ich es auch schaffen. Und dann möchte ich einmal die Josette tanzen, wie meine Mutter, und es ist mir egal, ob das Unglück bringen soll oder nicht.“ Sie reckte kämpferisch das Kinn vor. Rose sah erstaunt zu ihrer Freundin auf. Cindy sah so wildentschlossen aus, wie sie es noch nie an ihr gesehen hatte. Sie wuchs fast ein paar Zentimeter, und Rose meinte nun wirklich eine deutliche Ähnlichkeit zwischen ihr und Elizabeth Ivory erkennen zu können. „Meine Güte, Cindy!“ sagte sie nur und schwieg, vollkommen überwältigt von allem.

„Komm jetzt, wir müssen heim!“ sagte Cindy unvermittelt. Als sie in Richtung City losstiefelten, hatte sie sich schon wieder in die kleine, etwas schüchterne Cindy verwandelt, die Rose kannte. „Ich hab’ jetzt einen Wahnsinnshunger!“ erklärte sie. „Kriegen wir überhaupt noch Abendessen bei dir zu Hause, oder lassen die uns verhungern?“

„Na, wenn schon“, meinte Rose, „wir können doch selbst was kochen. Wie wär’s mit Pizza?“ Und als wäre nichts passiert, beratschlagten sie, was sie alles dafür als Zutaten brauchten.

Die Dominick-Truppe in Liverpool

„Warum gehn wir nicht einfach was essen?“ fragte Rose, als sie feststellten, daß ihnen zum Selberkochen alles mögliche fehlte. „Hier in der Nähe gibt’s ganz tolle süße Teilchen und Kaffee.“

„Ich könnte die ganze Theke leer essen, so einen Hunger hab’ ich jetzt“, stimmte Cindy sofort begeistert zu, „aber beeilen müssen wir uns. Wir haben doch gesagt, wir sind um neun Uhr wieder zurück.“ Cindy fühlte sich vollkommen verwandelt. Es hatte gutgetan, Rose endlich ihr großes Geheimnis anzuvertrauen, sie war jetzt froh und ruhig. Plötzlich konnte sie auch ihre Zukunft mit mehr Gelassenheit sehen, sie würde eine große Tänzerin werden. Basta! Rose dagegen, die erst allmählich faßte, was sie da eben von ihrer Freundin erfahren hatte, war richtig zapplig und furchtbar ungeduldig, denn sie wollte jetzt natürlich die ganze Geschichte hören, von Anfang an. Während sie ihren Kaffee tranken und sich Berge von Nußschnecken reinstopften, erzählte Cindy in einem Zug, ohne zwischendurch Atem zu holen, wie sie zum Tanzen gekommen war. „Es begann, als ich meinen fünften Geburtstag hatte“, berichtete sie. „Ich war ein Blatt, das im Wind tanzte, stellte ich mir wenigstens damals so vor, und dann kam meine Oma ins Zimmer und war total durcheinander und verärgert darüber. Ich weiß noch genau, und sie sagte, ich solle sofort aufhören mit dem Gehopse, und machte auch noch das Radio aus. Dann mußte ich am Geburtstagskuchen die Kerzen ausblasen. Seitdem wußte ich, daß sie strikt gegen alles war, was mit Tanzen zusammenhing. Und vielleicht hätte ich auch nie tanzen können, wenn ich nicht mit zehn in eine andere Schule gekommen wäre und da Jenny kennengelernt hätte." Sie nahm noch einen Schluck Kaffee.

Rose saß mit großen Augen da. Fasziniert hörte sie zu, wie Cindy von dem Abend erzählte, der ihr ganzes Leben verändert hatte. Es war jener Ballettabend, als sie zum ersten Mal ins Royal Opera House ging, um sich mit ihren Großeltern „Daphnis und Chloë" anzusehen. In der Pause hatten sie dann Colin Amberdown getroffen, der so ganz nebenbei sagte, daß sie Elizabeth Ivorys Tochter war.

„Ich fiel beinahe in Ohnmacht, als ich das hörte", fuhr Cindy fort, „er mußte mir direkt den Becher Kaffee aus der Hand nehmen, ich hätte ihn fast fallen lassen. Von meiner Oma wußte ich doch nur, daß meine Mutter höchstens mal ganz hinten in irgendeiner drittklassigen Truppe mitgetanzt hatte, mehr nicht. Die Wahrheit hat mich richtig umgehauen!"

„Und das hast du nie irgend jemand erzählt?" fragte Rose fassungslos nach. Es war einfach unglaublich. Obwohl sie wirklich keine Angeberin war, wußte sie genau, daß sie so etwas Aufregendes niemals für sich behalten hätte. Wenn ihre Mutter die berühmteste Tänzerin aller Zeiten gewesen wäre, dann hätte sie das an alle Hauswände geschrieben.

„Nur den paar wenigen, die ich dir gesagt habe", antwortete Cindy. „Aber es hätte so leicht bekannt werden können. In Willerbury hab' ich nämlich manchmal meinen richtigen Namen gesagt, Lucinda Adamo, und Daphne könnte ja vielleicht irgendwo gelesen haben, daß Elizabeth Ivory mit Andrea Adamo verheiratet war. Aber ich glaub', sie hat meinen richtigen Namen einfach vergessen, und hoffentlich Miss Selswick inzwischen auch. Deshalb ist auch Miss Whiteway und nicht meine Oma mit mir zur Aufnahmeprüfung in die Dominick-Schule gegangen, damit nicht jemand vielleicht meine Oma wiedererkennt. Die hat nämlich damals immer meine Mutter begleitet, als sie noch klein war." Sie schnippte sich die Krümel vom Pullover.

„Ich kann's immer noch nicht fassen! Die Ivory – deine Mutter! Und du hast nie damit dieser Queenie mal den Mund gestopft?"

„Ich bin eben ein Dickkopf", sagte Cindy grinsend, „sagt Ömchen auch immer. Ich hatte mir fest vorgenommen, es niemand zu sagen, und dabei bin ich dann auch eisern geblieben. Obwohl, ich muß schon zugeben, manchmal hätte ich es ihr am liebsten ins Gesicht geschrien."

Nachdenklich sagte Rose: „Du hättest es dir all die Jahre wirklich leichter machen können. Wenn die es von Anfang an gewußt hätten an der Dominick-Schule, hätten sie dich doch in Watte gepackt und dir vorn und hinten geholfen, bloß weil du Ivorys Tochter bist. Ausgeschlossen, daß sie dich bei irgendeinem Vortanzen nicht sofort genommen hätten. Aber so hast du dabei genauso gezittert wie wir anderen auch. Du zitterst ja noch, daß du vielleicht nicht in die Dominick-Truppe oder sonstwo aufgenommen wirst. Ist doch so!" Rose stellte energisch ihre Tasse ab.

„Klar, aber ich kann nicht anders", versuchte Cindy zu erklären, „ich will es mir einfach nicht leichtmachen, bloß weil ich eine berühmte Mutter habe.

Dann hätte ich es ja nicht selbst geschafft. Wenn ich schlecht bin, muß ich allein damit fertig werden. Früher oder später müßte ich das ja sowieso. Ich bin ja nicht schon deswegen eine gute Tänzerin, bloß weil ich die Ivory-Tochter bin. Und wenn ich gut genug bin für die Dominick-Truppe, dann komme ich auch als Cindy Adams rein!"

„Ich finde, du bist unheimlich tapfer", meinte Rose bewundernd, „mehr als alle, die ich so kenne. Aber irgendwie ist es doch auch ziemlich blöd. Willst du es ihnen denn nie sagen? Oder erst dann, wenn du meinst, sie schmeißen dich raus?" Sie sah ihre Freundin gespannt an.

„Nicht mal dann", antwortete Cindy scharf. „Dann wüßte ich nämlich, daß ich es nicht geschafft habe, und dann wäre sowieso alles zu spät. Also, sag so was nicht! Es stimmt ja – ich hab' Angst, obwohl –" Sie stockte.

Rose legte ihr die Hand auf den Arm. „Mußt du aber nicht haben, ehrlich nicht. Du bist doch gut, besser als die meisten, und das weißt du auch. Irgendwie hast du ja auch was Besonderes. Ich glaub', du kannst dich wirklich abregen." Sie kicherte.

„Ich kann und kann's eben nicht so einfach glauben", zweifelte Cindy.

„Glaub's ruhig. Außer du wirst lang wie eine Bohnenstange und brichst dir die Beine! Aber ernsthaft: Wann sagst du es ihnen also?"

„Weiß ich nicht", überlegte Cindy. „Irgendwann. Wenn es nicht vorher rauskommt, dann vielleicht an dem Tag, nachdem ich meine erste Solo-Rolle getanzt hab'. Wenn's überhaupt dazu kommt! Oder ich hab' noch eine bessere Idee: Wenn ich soweit bin, die Josette zu tanzen. Oder nie, weil das doch immer wie ein

Reklame-Gag ausschaut, und genau das will ich nicht!" Sie schüttelte ihre Haare aus dem Gesicht.

„Bist du mutig!" Rose war voller Bewunderung für ihre Freundin. „Na, ich hoffe, daß ich dann wenigstens im Corps de ballet bin, wenn du die Josette tanzt."

„Ach was", winkte Cindy ab, „vielleicht schaffen wir es ja beide nur bis zum Corps de ballet. Vielleicht müssen wir eben damit schon zufrieden sein."

„Du nie", widersprach Rose lebhaft, „du gibst dich doch nicht so leicht zufrieden." Rose dachte an die lange Zeit, die sie mit Cindy befreundet war. „Ich glaub's nicht, das mit deiner Mutter", sagte sie immer noch kopfschüttelnd.

„Aber du hast mir versprochen, daß du es niemand sagst", schärfte Cindy ihr nochmals ein und suchte nach ihrem Portemonnaie.

„Großes Ehrenwort. Ehrlich! Aber jetzt müssen wir nach Hause, glaub' ich", meinte Rose nach einem Blick auf ihre Uhr. „Am besten mit der U-Bahn, das geht schneller."

Nach Pfingsten vergingen die Wochen sehr rasch. Blaßgolden und hoch stand das Korn auf den Feldern, hier und dort mischten sich rote Mohntupfer darunter. In diesen Tagen gingen Cindy und Rose draußen zwischen den Feldern spazieren. „Ich liebe den Sommer!" rief Cindy manchmal laut, wenn sie in den Hügeln im warmen Gras lagen oder wenn sie am Wegrand neben einem hellen Haferfeld an der Hecke saßen und sich sonnten. Dann waren die beiden Mädchen einfach glücklich mit sich und der Welt. Sogar Rose hatte inzwischen aufgehört, immer nur an London zu denken. Nur noch gelegentlich sprachen sie davon. Und manchmal vermißten sie die Dominick-Truppe doch ein wenig, die in diesen Wochen auf England-Tournee war. Einen kleinen Ausgleich dafür bot immerhin einmal ein Ausflug nach London zum Ballettabend einer französischen Truppe. Es gab „Romeo und Julia“.

„Sie sind sehr gut“, meinte Cindy hinterher im Bus, „aber nicht so gut wie die Dominick-Leute, finde ich. Aber vielleicht sage ich das nur, weil das unsere eigene Truppe ist.“

„Die kommen erst im September wieder zurück“, sagte Joan traurig, „und auch dann nur für ein paar Wochen, bevor sie zwei Monate nach Australien gehen.“

„So weit mag ich gar nicht vorausdenken.“ Cindy kuschelte sich in ihren Sitz. „Vor dem September kommen für mich erst einmal die großen Ferien.“

Alle Mädchen hatten bereits feste Ferienpläne und wußten genau, wohin sie fahren wollten. Nur Rose nicht, und sie befürchtete schon, die ganzen Ferien nur zu Hause verbringen zu müssen. Ihre Eltern konnten sich keinen teuren Urlaub leisten. Aber zu ihrer Überraschung bekam sie eines Tages einen Brief von ihrer Mutter mit der Frage, wo sie denn am liebsten hinfahren wollte. Ans Meer, zum Beispiel wieder nach Southend, oder vielleicht in eine Art Robinson-Club? Rose war überglücklich. Gleich am nächsten Tag schrieb sie zurück, daß sie am liebsten mit ihren Eltern nach Rye wollte, das auf einem Hügel an der Küste lag. Cindy hatte ihr voller Begeisterung davon erzählt. Es gab da einen herrlichen Strand, Winchelsea Beach, und im Hinterland ein geheimnisvolles Moor, und wenn man Lust hatte, konnte man mit dem Bus nach Hastings in die Stadt fahren. Mrs. Conway war damit einverstanden.

„Ich hoffe, es gefällt ihnen da“, meinte Rose nachmittags zu Cindy, als sie gerade eine gemütliche Teestunde in ihrem Zimmer hatten, „immer nur Southend, das ging mir langsam auf den Keks!“

„Ich mag diese typischen überlaufenen Urlaubsorte am Meer auch nicht“, stimmte Cindy zu und schenkte noch eine Tasse Tee ein.

Rose hatte es sich auf ihrem Bett bequem gemacht. Sie hatten beide allmählich die unberührte Landschaft lieben gelernt. Die Fahrradausflüge, die sie bei schönem Wetter unternahmen, führten sie oft weit weg vom Internat, in die Umgebung von Chalk Green und hinaus über die Hügel auf die Anhöhen, wo sie einen unverstellten Blick auf das unter ihnen liegende Land hatten. Dunkle Wälder lösten sich mit sattgrünen Wiesen und freien Feldern ab, und dazwischen lagen die kleinen, verträumten Dörfer.

Auch aus ihrem Zimmerfenster hatte man einen wunderschönen Blick. „Ich kann mir gar nicht mehr vorstellen“, sagte Cindy nachdenklich zu Rose, „daß ich das alles mal langweilig gefunden habe. Ich hätte nie gedacht, daß mir das irgendwas sagen würde. Aber jetzt fühle ich mich richtig gut hier. Guck mal, da drüben! Am liebsten möchte ich diese Hügel streicheln, sie sind so schön rund, findest du nicht?“

„Du sagst aber wirklich manchmal die komischsten Sachen“, meinte Rose dazu nur kichernd. „Dann kannst du das runde Kissen hier auch streicheln!“ Und sie warf ihrer Freundin ein Kissen von ihrem Bett ins Gesicht.

Christine sollte die Ferien mit ihren Eltern in Dubrovnik in Jugoslawien verbringen und fand die Idee ganz furchtbar. Jedem erzählte sie davon mit einer Trauermiene.

„Wenn man sie so reden hört“, sagte Sue, „könnte man echt glauben, sie wird nach Sibirien geschickt! Sie tut so, als wäre sie der erste Mensch, der da hingeht!“

Dabei gab es in einer der Abschlußklassen sogar ein Mädchen aus Dubrovnik, Iliska, die nach diesem Schuljahr in die Dominick-Truppe übernommen werden sollte. Iliska konnte die angeberische Christine ebensowenig leiden wie jeder andere. Aber die Vorstellung, Christine in Dubrovnik zu begegnen, beunruhigte sie auch nicht weiter.

„Ach was“, sagte sie achselzuckend, „wir sind sowieso die meiste Zeit in unserm Haus, und das liegt weiter draußen im Norden. Wenn sie irgendwie netter wäre, würde ich sie ja mal zu uns einladen, aber so –“ Sie schnitt eine Grimasse, und alle anderen lachten.

Karin fuhr zuerst nach Hause in den Schwarzwald und dann in die Berge, zu ihrer Tante nach Mittenwald.

„Das wird ganz toll bei ihr“, schwärmte sie den anderen vor, „wir machen Bergwanderungen, ganz hoch hinauf, und da oben sind eiskalte Bergseen, wo man prima baden kann. Und die Wiesen sind voller Enzian. Vielleicht lerne ich auch richtig bergsteigen, so mit Pickel und Seil.“

„Ich war bis jetzt bloß mal im Berner Oberland, in der Schweiz“, sagte Cindy. „Aber ich glaube, für's Bergsteigen braucht man richtig Kondition.“

„Bern ist ja gar nichts daneben“, winkte Karin ab, „bei Mittenwald, da sind richtig hohe Berge, mit Schnee drauf, der sogar im Sommer noch liegt. Und auf die Zugspitze kannst du sogar mit der Eisenbahn rauffahren, bis zum Gipfel!" Ihre Augen leuchteten.

Auch Emilia wollte in die Berge, ihre Familie hatte dieses Jahr ein Haus in den Dolomiten gemietet. Die Zwillinge Joan und Sue gingen mit ihren Eltern auf eine Kreuzfahrt im Mittelmeer.

Bei all diesen Ferienplänen kam sich Cindy irgendwie ein bißchen ärmlich vor, weil sie mit Jenny und ihren Eltern bloß nach Wales fuhr. Aber dort gab es ja auch Berge, zwar nicht so hohe wie in den Alpen, aber immerhin.

Sie hatte nur noch ein Problem: ihren kleinen Hund Petruschka. Mrs. Pilgrim hatte vorgeschlagen, ihn einfach nach Wales mitzunehmen, und Cindy hätte das auch am liebsten sofort gemacht. Aber sie war dann doch vernünftig genug, den Vorschlag nicht anzunehmen. Auch wenn Petruschka sie von allen am meisten liebte, so war er doch nicht ihr Eigentum. Er gehörte allen hier in Chalk Green, das ganze Internat war sein Zuhause, und das sollte es auch bleiben. Schließlich würde Cindy ihn später auch nicht an die Dominick-Schule mitnehmen können. Während der Ferien blieben immer einige Schülerinnen hier, und so würde Petruschka nie allein sein. Sogar der Gärtner mochte ihn gern, nahm ihn oft mit in sein Haus und spielte mit ihm.

„Ich kann dich wirklich nicht mitnehmen", sagte Cindy zu Petruschka, der dabei seinen Kopf schieflegte und ihr so aufmerksam zuhörte, als verstünde er jedes Wort. „Ich würde dir keinen Gefallen damit tun, weißt du. Eines Tages gehe ich für immer weg nach London, und du mußt hierbleiben, weil in unserer Wohnung keine Haustiere erlaubt sind. Und überhaupt, London würde dir sicher nicht gefallen. Es gibt fast keine Wiesen da und nur ganz wenig Bäume. Da hast du es doch hier viel schöner, findest du nicht auch?" Petruschka schüttelte heftig den Kopf, daß die Ohren nur so flogen.

Dann kam endlich der letzte Schultag. Cindy hatte schon ihren großen Koffer gepackt und zu den Pilgrims nach Willerbury vorausgeschickt. Für die Berghütte in Wales brauchte sie nur ein paar Sachen: Sandalen und Wanderschuhe, ihre Jeans, drei oder vier T-Shirts, ein Kleid, ihren Regenmantel und zwei Pullover, wenn es kalt werden sollte dort oben.

Am nächsten Morgen verabschiedete sie sich von all ihren Freundinnen. Rose zog sie noch schnell einen Augenblick allein in eine Ecke und nahm ihr das Versprechen ab, niemandem auch nur die leiseste Andeutung über Elizabeth Ivory zu machen.

Dann stieg sie in den Frühzug nach Willerbury, wo sie nach ein paar Stunden Fahrt am Bahnhof schon von Jenny und der Familie erwartet wurde. Nur drei von Jennys fünf Brüdern fehlten. Einer war in einem Ferienlager seiner Schule, und der zweite war mit seinem Freund unterwegs. Zu sechst stiegen sie in das große Auto der Pilgrims.

„Und wo ist Philipp? Kommt er nicht mit?" fragte Cindy in einer seltsamen Mischung aus Ängstlichkeit und Erwartung.

„Hättest du ihn denn etwa gern dabei?" neckte Jenny sie lächelnd.

„Na ja, ich weiß nicht, ich dachte nur ...", stotterte Cindy.

„Jetzt sag bloß, du magst ihn!" Jenny staunte.

„Ein bißchen schon“, gab Cindy zu und wurde rot. „Aber er ist ja viel zu erwachsen. Wie alt ist er jetzt? 19 oder so, nicht? Ich weiß gar nicht, wie ich mit ihm reden soll. Und er studiert ja auch schon.“ Sie machte ein ganz ehrfürchtiges Gesicht.

„Also, ich finde, er ist ein langes Elend und nicht auszuhalten“, lachte Jenny, „aber laß ihn bloß nicht merken, daß du Hemmungen hast. Der schnappt sonst über!“

„Aber nie!“ protestierte Cindy würdevoll. „Es ist eben so: Ich hab’ nie einen Bruder gehabt. Du kennst das, du hast ja gleich fünf davon. Das ist alles.“

„Ich hab’ auch mal mit weniger angefangen“, sagte Jenny, „Jonny und Bill sind ja erst nach mir angekommen, sozusagen.“

Es wurde schon fast dunkel, als sie sich den Bergen von Wales näherten. Scharf zeichneten sich die schroffen Bergrücken und Felsgrate gegen den noch hellen Himmel ab. Das weite Tal lag schon in tiefem Dunkel, aber kurze Zeit danach glühten die Spitzen der Berge im letzten Licht eines herrlichen Sonnenuntergangs. Als sie die Bergstraße hinauffuhren, wurde die Luft immer klarer und sauberer, fast konnte man sie auf der Zunge schmecken. Ganz versunken nahm Cindy alles in sich auf.

„Ich war vor ein paar Tagen schon mal in der Hütte“, erklärte Mrs. Pilgrim und lenkte das Auto durch eine Haarnadelkurve, „und hab’ alles schon hergerichtet für uns. Wir müssen nur die Petroleumlampen anzünden und uns zum Essen hinsetzen.“ Sie schaltete einen Gang tiefer und wich ein paar Schafen auf der Fahrbahn aus. „Petroleumlampen!“ rief Cindy aus. „Toll! Das klingt richtig nach Berghütte!“

„Na ja", meinte die immer realistische Jenny, „wenn sie zu qualmen anfangen und zu stinken, das finde ich wieder nicht so toll. Anscheinend wissen die hier noch nicht, was Elektrizität ist. Aber die Hütte liegt herrlich, du wirst sehen. Man hat einen phantastischen Blick auf den Mount Snowdon."

Und wirklich: Als Cindy wenig später unter der Tür der Berghütte stand und zu den hohen Gipfeln hinübersah, fiel Chalk Green von ihr ab wie ein altes Kleid. Selbst das Ballett war ihr plötzlich nicht mehr so wichtig. Sie freute sich nur noch darauf, mit Jenny dort oben hinaufzuklettern und in den Bergseen zu paddeln, vielleicht sogar im Meer zu schwimmen, wenn es warm genug war. Das waren herrliche Aussichten, vor allem war sie glücklich, wieder mit Jenny zusammenzusein.

In dieser ersten Nacht erzählten sich die beiden Freundinnen natürlich alles, was in der langen Zeit ihrer Trennung passiert war. Jenny berichtete lange von der Farm, welche Tiere dort Junge gekriegt hatten und was sie Neues gelernt hatte.

Und Cindy konnte endlich erzählen, wie sie zum ersten Mal ihre Mutter im Film gesehen und wie großartig und aufregend sie sie gefunden hatte.

Als Jenny schließlich eingeschlafen war, lag Cindy noch lange wach und hörte dem Rauschen des Wildbachs zu. Einmal schlich sie sich leise zum Fenster. Die Gipfel der Berge standen dunkel gegen den Sternenhimmel, und die Luft roch würzig nach irgendwelchen Kräutern. Weit nach Mitternacht fielen Cindy dann endlich die Augen zu.

In ungetrübtem Glück gingen die ersten Tage dahin. Dann kam Philipp an, und weil im Haus kein Platz mehr war, schlug er im Garten genau unter Cindys Fenster sein Zelt auf und schien sich dort sehr wohl zu fühlen. Anfangs war Cindy viel zu schüchtern, um von sich aus mit ihm zu reden, aber dann merkte sie schnell, daß er gar nicht so erwachsen war, wie er auf sie wirkte. Ab da genoß sie es sogar, daß er immer irgend etwas Komisches zu erzählen hatte.

Manchmal lachten sie sich halb tot mit ihm, hielten sich den Bauch und mußten schon wieder kichern, wenn sie sich nur ansahen. Philipp kannte die Berge hier sehr gut, und unter seiner Führung machten sie zu dritt ganz abenteuerliche Bergwanderungen. Am liebsten wäre Cindy mit ihm auch noch in den Felsen herumgeklettert, und einmal versuchte sie ihn dazu zu überreden.

„Das sieht doch gar nicht so schwer aus“, meinte sie, „und ich hab' ein gutes Gleichgewichtsgefühl.“

„Klar, als Tänzerin hast du so was“, gab er zu, „aber unsere Mutter wäre damit nicht einverstanden. Damit wartet ihr besser, bis ihr ein bißchen älter seid. Außerdem braucht man dafür eine Ausrüstung.“

„Na gut, wenn du mit uns zwei jungen Frauen nicht klarkommst“, sagte Cindy lachend, „dann lassen wir dir eben noch etwas Zeit.“ Sie ließ sich neben ihm ins Gras plumpsen. Sie hatte zwar schon von ihren Radausflügen in Chalk Green einen goldbraunen Hauch auf ihrer Haut, aber in den letzten Tagen war sie braun wie eine Südländerin geworden. Jenny jedoch bekam bloß einen fürchterlichen Sonnenbrand im Gesicht, und auf ihrer Nase schälte sich die Haut. „Es ist immer das gleiche: Ich werd' und werd' nicht braun!“ jammerte sie und schielte auf ihre Nase. „Ich seh' ja zum Fürchten aus! Während du immer schöner wirst,

Cindy.“ Philipp schaute sich daraufhin Cindy genauer an. Aus den Augenwinkeln bemerkte sie, daß er ihr zulächelte.

„Na ja, also ein bißchen sieht sie ja noch wie ein Storch im Salat aus“, meinte er langsam, „aber schneller, als wir gucken können, wird sie eine atemberaubende Schönheit sein. Tja, dann wirst du wohl nicht mehr mit mir in den Felsen herumklettern wollen, Cindy.“ Dabei legte er ihr den Arm um die Schultern und drückte sie ein wenig an sich. Cindy spürte, wie sie plötzlich rot wurde und Herzklopfen bekam. Gleichzeitig war ihr nicht ganz klar, ob sie diese Berührung jetzt angenehm oder lästig finden sollte, aber auf jeden Fall fand sie sie aufregend. „Ein hübsches Paar seid ihr, wenn man euch so anschaut“, flachste Jenny.

„Ach, laßt mich doch in Ruhe, ihr zwei!“ rief Cindy, jetzt ganz verlegen, schob Philipps Arm von der Schulter und lief den beiden voraus den Berg hinunter, geradewegs durch einen Bach hindurch. Es war ihr ganz egal, daß sie dabei klatschnaß wurde.

Die Tage mit Jenny und Philipp waren so schön, daß sie beinahe erschrak, als Mrs. Pilgrim eines Morgens sagte: „Wir haben eine Überraschung für dich. Am Samstag ist eine Ballett-Matinee in Liverpool, und wir gehen alle zusammen hin. Die Karten haben wir schon.“

Cindy fiel aus allen Ferien-Wolken. „Was für eine Matinee?“ fragte sie verblüfft.

„Die Dominick-Truppe!“ platzte Jenny heraus. „Weißt du denn nicht, daß sie zwei Wochen lang in Liverpool sind? Freust du dich etwa nicht?“

„Doch, doch! Natürlich!“ beeilte sich Cindy zu sagen, die mit so etwas überhaupt nicht gerechnet hatte. „Ich wußte auch von Liverpool, ich hatte es in der

Ballettzeitschrift gelesen. Aber irgendwie hab' ich überhaupt nicht mehr an Ballett gedacht die ganze Zeit. Was bringen sie denn? Es ist ja ewig her, seit ich sie gesehen habe." Sie langte nach einem Brötchen und schnitt es auf.

„,Les Sylphides', ,Petruschka' und die ,Gala Performance'."

„Ui! ,Petruschka' hab' ich noch nie gesehen. Da muß ich ja dringend hin. Tolle Idee! Vielen Dank!" Cindy stand schnell auf und gab Jennys Mutter einen Kuß.

„Ja, aber da müssen wir morgen allerdings ganz früh aufstehen", sagte Mrs. Pilgrim und freute sich über Cindys Begeisterung.

Leider kam Philipp nicht mit, da er an diesem Tag auf die zwei kleinen Brüder aufpassen mußte. Schon um halb neun Uhr waren sie auf halbem Weg nach Liverpool. Cindy summte die Musik aus „Giselle" vor sich hin und war mit sich und der Welt zufrieden. Der Fahrtwind wehte ihr die dunklen Locken aus dem Gesicht. Es war einfach wunderschön, mit Jenny Ferien zu machen und die Dominick-Truppe wiederzusehen. Und mit Philipp zusammenzusein. Das ganze Leben war wunderschön. Da fiel ihr plötzlich etwas ein. Sie stupste Jenny an: „Sag mal, macht es dir eigentlich nichts aus, ins Ballett mitzukommen?"

Jenny lachte nur und meinte: „Ich werd's schon überleben! Übrigens, mein Vater kommt nicht mit uns, er hat einen Geschäftstermin. Aber er trifft uns hinterher im Adelphi-Hotel zum Tee." Kurz darauf hielt Mrs. Pilgrim auf dem Parkplatz vor dem Theater.

In dem Augenblick, als Cindy den großen Zuschauerraum betrat, verschwanden die Berge und Philipp und die Ferien völlig aus ihrem Kopf. Sie war in ihre

Welt zurückgekehrt, die ihr vertraut war und die, was immer auch geschah, sie ganz erfüllte. Sie schaute sich hochzufrieden um, als sie sich alle zu ihren Plätzen durchgedrängelt hatten.

„Was für ein hinreißendes Theater! Ich liebe diese alten Plüschsitze, und die Bühne ist so groß, wie sie sein muß! Ach, wenn ich doch mal hinter die Bühne gehen könnte, dann könnte ich ihnen beim Umziehen und Schminken und Eintanzen zugucken, bevor der Vorhang aufgeht."

„Geh doch einfach in der Pause nach hinten", schlug Mrs. Pilgrim vor, „sie werden sich sicher freuen, eine Dominick-Schülerin zu treffen." Sie studierte das Programmheft.

Cindy winkte aber ab. „Nee, das trau' ich mich nicht. Die kennen mich ja gar nicht. Und wer bin ich denn schon?" Jenny zeigte ihr einen Vogel, aber so war Cindy nun eben.

Sobald die ersten Takte von Chopins Musik erklangen, sah und hörte sie nichts anderes mehr. Vielleicht war „Les Sylphides" sogar ihr Lieblingsballett. Sie versetzte sich so sehr in den Tanz, daß sie in Gedanken jede Bewegung der eleganten und bewundernswerten Catherine Colby mitmachte.

„Petruschka" zu sehen war eine völlig neue Erfahrung für sie. Sie merkte schnell, daß sie dieses Ballett mindestens noch einmal sehen mußte, um alles zu erfassen: die Charaktere, die Farben, die ganze komplizierte Choreographie. Wie konnte irgend jemand nur all diese Schritte und Figuren im Kopf behalten? Würde sie so etwas jemals lernen können? Auch „Gala Performance" gefiel ihr gut, aber es ging nicht so tief bei ihr. Trotzdem mußte sie sich erst besinnen, als sie wieder auf der taghellen Straße standen, und sie kam erst dann wieder richtig auf den Boden der Wirklichkeit zurück, als sie im Hotel Mr. Pilgrim trafen.

„Na, wie war's?" fragte er Cindy und gab seiner Frau einen Kuß.

Und freudestrahlend antwortete sie: „Umwerfend!" Als sie dann alle um einen kleinen Tisch saßen und Tee und Coca-Cola und Kuchen bestellten, nahmen sie sich noch einmal ausführlich das ganze Programm der Matinee vor. Sogar Jenny fachsimpelte eifrig mit!

Ferien in den Bergen

Auf der Heimfahrt von Liverpool war Cindy dann sehr still, doch alle waren müde, und so merkte es keiner. Aber als sie auch am nächsten Morgen kaum ein Wort sagte und nichts essen wollte, fing Mrs. Pilgrim an, sich Gedanken zu machen. Nach dem Frühstück sah sie Cindy allein auf einem Felsen sitzen. Was war mit dem Kind nur los?

Schließlich hatte sie die Verantwortung, und Cindy war nun einmal sensibel. Mrs. Pilgrim ließ Abwasch Abwasch sein und ging zu ihr hinüber. Cindy sah sie kommen und wollte schon aufstehen, aber Jennys Mutter setzte sich neben sie auf den Felsen. „Hast du irgendwas, Cindy, mein Schatz?" fragte sie freundlich.

Cindy zögerte mit der Antwort, aber sie war auch froh, das, was ihr auf dem Herzen lag, aussprechen zu können. „Es ist alles so schön hier!" platzte sie heraus. „Diese Berge ringsherum, der kleine See und die

Bäume – es gefällt mir alles! Und trotzdem, ich kann mir nicht helfen, ich will davon doch nichts haben, wenn ich nicht tanzen darf. Es ist schrecklich, ich weiß, es ist überspannt, aber ich möchte lieber sterben, als nicht zu tanzen. Nichts, nicht einmal so eine schöne Umgebung, ist für mich so wichtig wie das Tanzen." Sie schien darüber sehr verzweifelt.

Mrs. Pilgrim war nun erst recht beunruhigt über diesen leidenschaftlichen Gefühlsausbruch. „Aber wer sagt denn, daß du nicht tanzen darfst?" hakte sie behutsam nach.

„Natürlich niemand", sagte Cindy unglücklich, „aber es könnte doch sein. Irgendwas passiert mir vielleicht. Oder ich bin doch nicht gut genug. Wenn ich wüßte, daß ich nie Tänzerin werden kann, das wäre entsetzlich. Ich weiß, das hört sich blöd an, und wahrscheinlich verstehen Sie mich auch nicht. Meine Oma wäre jetzt wieder wütend auf mich. Sie sagt immer, ich könnte meine Gefühle nicht beherrschen. Aber es ist mir ganz ernst, jedes Wort –" Unvermittelt brach sie ab.

„Deine Großmutter ist wirklich eine sehr kluge Frau", erwiderte Mrs. Pilgrim vorsichtig, „und ich weiß, daß du sie sehr liebhast, aber ich glaube, sie weiß nicht, was es bedeutet, wenn sich jemand nur noch einer einzigen Sache widmet."

„Irgendwie weiß sie es schon", sagte Cindy unsicher, „sie widmet sich mir ja, aber ich mach' und sag' dauernd Sachen, die ihr nicht gefallen."

„Ich versteh' dich schon, Cindy", beruhigte die sie. „Auch wenn es mich bedrückt, daß du solche Sachen sagst. Allerdings, wenn du schon so empfindest, dann solltest du es auch aussprechen. Aber wenn wirklich mal was passieren sollte, das dich am Tanzen hindert, dann wirst du auch damit fertig werden. So schnell stirbt man nicht, Gott sei Dank. Aber keine Angst, ich bin sicher, du wirst in die Fußstapfen deiner Mutter treten und groß und berühmt werden."

„Manchmal", sagte Cindy und sah Mrs. Pilgrim hilflos an, „manchmal weiß ich das ja auch und manchmal nicht. Man kann ja nicht in die Zukunft schauen." Sie sah aber schon etwas zuversichtlicher aus.

„Natürlich nicht", lächelte Mrs. Pilgrim, „passieren kann vieles. Aber du hast die Chance, das zu werden, wozu du geboren bist. So, und jetzt reden wir wieder über was anderes. Geh doch mit Jenny zum Bauern, und hol mir Milch und ein paar Eier."

Cindy nickte, atmete tief durch, rutschte von ihrem Felsen herunter und rannte los. Mrs. Pilgrim sah ihr nachdenklich hinterher.

„Ich glaube", sagte sie später zu ihrem Mann, „sie würde tatsächlich sterben, wenn sie nicht tanzen dürfte." Beide saßen in einer Ecke und lasen.

„Das ist doch Unsinn!" wies er sie zurecht. „Du bist schon genauso überdreht wie die Kleine. Wenn sie nicht tanzen kann, wird sie eben statt dessen irgendwas anderes machen. Es gibt hundert aufregende Jobs, auch für sie. Außerdem wird sie eines Tages heiraten und Kinder kriegen. Es geht doch schon los: Unser wählerischer Philipp ist ja ganz angetan von ihr."

„Na, na", widersprach Mrs. Pilgrim sanft, „sie ist zwar schon vierzehn, aber andererseits auch noch sehr kindlich für ihr Alter. Gar nicht wie Jenny, die im Leben immer irgendwie zurechtkommen wird. Vielleicht ist es doch ein Glück, daß Jenny das Tanzen aufgegeben hat."

„Wenn das immer nur solche Aufregung mit sich bringt wie bei Cindy“, stimmte Mr. Pilgrim zu, „dann haben wir wirklich Glück gehabt. Aber auch bei Cindy wird das vorbeigehen. Sie wird sich verlieben, und damit hat sich's dann.“ Er wollte sich wieder in seine Zeitung vertiefen.

„Das glaubst du doch selbst nicht“, warf seine Frau mit Nachdruck ein, „das wird sie erst recht durcheinanderbringen. Sie hat wirklich nur ein Ziel im Leben: Tänzerin zu werden. Vielleicht heiratet sie irgendwann, aber die Ehe wird immer an zweiter Stelle stehen.“

„Na, mit dem Mann hab' ich jetzt schon Mitleid!“ sagte Mr. Pilgrim tief überzeugt. „Dann kann ich nur hoffen, daß es nicht Philipp sein wird!“

„Ach was!“ winkte Mrs. Pilgrim ab und mußte lachen. „Philipp verliebt sich und heiratet wahrscheinlich, lange bevor Cindy erwachsen ist. Außer vielleicht, mit seinem Studium dauert es noch Jahre. Ach, ich wollte, ich könnte einen Blick in Cindys Zukunft werfen.“ Sie schaute sinnend aus dem Fenster.

„Weißt du was?“ meinte Mr. Pilgrim abschließend. „Ich kümmere mich jetzt mal um den Wagen, der springt in letzter Zeit so schlecht an. Und ich muß ja morgen nach Willerbury ins Büro.“ Damit legte er die Zeitung zur Seite und ging zur Tür.

„Schade, daß du nicht bei uns bleiben kannst.“

„Tja, der Mann muß eben hinaus ins feindliche Leben“, scherzte er und küßte sie auf die Wange, „aber ich bin ja bald wieder zurück. Und bis dahin tu mir bloß den Gefallen und denk nicht zu viel über Cindy nach!“

Mrs. Pilgrim schwieg. Männer waren doch manchmal schwer von Begriff, dachte sie bei sich.

Bis zum Nachmittag hatte Cindy sich wieder gefangen und tobte wie eh und je mit Jenny und den kleinen Brüdern herum. Schließlich, sagte sie sich energisch, während sie später beim Bauern auf Jenny wartete, schließlich war es doch toll, vierzehn Jahre alt und in Wales in den Ferien zu sein. Es war toll, zu paddeln und schwimmen zu gehen, in den Felsen herumzuklettern und zu wissen, daß wenigstens im Augenblick alles in Ordnung war.

Jenny hatte sich in den kleinen Bergbauernhof dort oben sofort verliebt und hätte da am liebsten jeden Tag Stunden verbracht. Aber immer gab es so viele andere Dinge zu tun und zu planen, daß sie einfach nicht dazu kam.

Als Cindy ihr abends beim Schlafengehen von der Unterhaltung mit ihrer Mutter erzählte, seufzte Jenny und lachte: „Ich weiß genau, wie dir zumute ist. Wenn ich so wäre wie du, dann würde mich das genauso beschäftigen. Vielleicht kann ich später ja auch nicht auf einem Bauernhof arbeiten, oder ich krieg' keinen Landwirt als Mann, stell dir vor? Was dann? Aber es ist doch komisch, was für verschiedene Sachen du und ich im Leben vorhaben und wie verschieden wir sind! Ich so ein Naturmensch und du immer so in den Wolken. Eigentlich seltsam, daß wir trotzdem so dicke Freundinnen sind!"

„Das sagst du immer, und du hast auch ganz recht damit", stimmte Cindy zu. „Manchmal wünschte ich mir aber, ich wäre so wie du. Das Ballett ist schon eine Welt voll harter Arbeit und mit oft schrecklichen Enttäuschungen."

„Na, es ist aber doch auch wieder ganz toll", gab Jenny zu Bedenken, „du wirst eines Tages eine berühmte Ballerina sein, mit deinem Namen in sooo großen Buchstaben auf allen Plakaten, und du wirst jede Menge Fans haben! Ach, ja, und ich freue mich eben an allem, was wächst, und daß meine Tiere gesunde Junge kriegen und Milch geben und das Richtige zu fressen haben – eben alles, was zu einem Bauernhof gehört." Sie rollte sich in ihrem Bett auf den Bauch.

„Klar, und du heiratest dazu noch den attraktivsten, reichsten Farmer von ganz England", zog Cindy sie auf.

„Und du", sagte Jenny lachend, „du machst auf unserer Farm später Ferien von deinem anstrengenden Ballett, mit deinem Mann, dem Theaterdirektor von Covent Garden!"

„O ja", kicherte Cindy, „das ist eine tolle Idee!" Und dann bauten sie noch eine ganze Weile Luftschlösser, ehe sie eingeschlafen waren.

Während der Wochen mit Jenny hatte Cindy Briefe und Postkarten von allen ihren Freundinnen aus der Dominick-Schule und Chalk Green bekommen. Rose schrieb regelmäßig: Rye war herrlich, und auch ihrer Familie gefiel die alte Stadt, und sie machten ausgedehnte Moorwanderungen. Miss Whiteway schrieb aus London, wo sie in ihrer Wohnung neue Bühnenbilder für die nächste Saison entwarf. Karin schickte eine Ansichtskarte vom Karwendelgebirge bei Mittenwald, und Emilia fand die Dolomiten atemberaubend und wollte Cindy das nächste Mal unbedingt mitnehmen. Joan und Sue schickten zwei Karten, auf denen genau das gleiche stand – es war unheimlich. Nicht einmal an ihren Postkarten konnte man sie auseinanderhalten.

Und überraschenderweise bekam Cindy sogar von Christine eine Karte aus Jugoslawien.

„Wie kommst du denn zu der Ehre? Bestimmt nur, um zu beweisen, daß sie wirklich da war!" sagte Jenny boshaft.

„Vielleicht", meinte Cindy, „aber woher hat sie meine Adresse?" Sie schüttelte überrascht den Kopf. Aber nach dieser Kartenflut kaufte und schrieb auch Cindy viele Ansichtskarten vom Mount Snowdon und der Umgebung. Sogar dem Gärtner von Chalk Green schickte sie eine und erkundigte sich, wie es Petruschka ging.

Die letzten Ferientage in Wales vergingen dann wie im Flug. Mr. Pilgrim kam rechtzeitig zurück, um sie noch auf ein paar Ausflüge mitzunehmen, wie er versprochen hatte, und Cindy war von der ungewöhnlichen Schönheit der Küste ganz hingerissen. Das Meer war tiefblau und glitzerte in der Sonne, bunte Boote schaukelten in den Buchten, und hoch und klar standen die Berge gegen den Spätsommerhimmel. Sie hatten aber auch wirklich Glück mit dem Wetter.

„Es ist traumhaft", sagte Cindy begeistert, „ich werde das alles nie vergessen."

Zuletzt fuhren sie auch noch nach Willerbury, um für Jenny Schulsachen einzukaufen. Auch Cindy brauchte ein paar neue Sachen für den Herbst und das neue Schuljahr.

„Was gibt's denn an Aufführungen im nächsten Jahr?" fragte Jenny am letzten gemeinsamen Abend. „Irgend etwas Besonderes?" Sie stapelte Unterwäsche auf einen Haufen.

„Nur die Dominick-Matinee, glaub' ich", sagte Cindy, die auf ihrem vollgepackten Koffer hockte, damit sie ihn zukriegte. „Du weißt doch, diese Aufführungen vor Weihnachten, die beide Schulen gemeinsam einstudieren."

„Richtig", sagte Jenny, „hatte ich vergessen. Letztes Jahr war das doch dieses ‚Dezemberkind', oder? Da konntest du doch nicht mitmachen wegen deines Theaterengagements."

„Ach, ich würde so gerne mal im Dominick-Theater auftreten", seufzte Cindy, „auch wenn es nur einmal nachmittags wäre!" Mit Ach und Krach ging der Koffer zu. Sie hatte so viele Steine am Meer gesammelt.

„Vielleicht klappt es ja dieses Jahr", munterte ihre Freundin sie auf.

„Du weißt doch, da werden immer nur ganz wenige ausgesucht, und das hängt auch noch von den Rollen ab. Ob sie wohl das ‚Dezemberkind' noch mal aufführen? Das war eigentlich ein voller Erfolg damals", überlegte Cindy.

„Sicher werden sie dieses Jahr dich nehmen", meinte Jenny. „Schön, daß wir uns bald wiedersehen. An Weihnachten kommst du ja dann zu uns, wenn deine Großeltern noch nicht wieder zurück sind." Sie wuchteten beide den Koffer zur Tür und ließen sich dann in die Sessel fallen.

„Meine Oma schreibt, sie wissen noch nicht, wann sie zurückkommen", sagte Cindy, die quer im Sessel hing und mit den Beinen baumelte. „Mein Großvater hat noch viel zu tun dort, und deshalb meinen sie, sie kämen frühestens im Januar. Ich freu' mich schon auf sie, auch wenn ich dann von Chalk Green weg muß und Petruschka nicht mehr sehen kann."

„Das wird sicher schlimm für dich, was?" fragte Jenny mitfühlend. „Schon wieder wechseln, keine

Radtouren mehr, keine Hundespaziergänge, und Rose läßt du auch allein zurück."

„Schon wahr", stimmte Cindy nachdenklich zu, „aber Rose hat zum Glück sowieso nur ein Zweijahres-Stipendium. Überhaupt bleiben alle nur bis 15 in Chalk Green. Und nächstes Jahr wird sie ja 15. Sie hat sich übrigens toll rausgemacht, du würdest sie nicht wiedererkennen." Und sie erzählten sich noch gegenseitig alles mögliche bis spät abends, als hätten sie nicht wochenlang dazu Zeit gehabt.

Am andern Morgen nahm Cindy Abschied von der Berghütte, von den Pilgrims und ihrer Freundin Jenny, die auch zurück in die Stadt mußte, und nahm den Zug nach London. Schon am Bahnhof Marylebone traf sie Rose und ein paar andere Mitschülerinnen. Die Weiterreise nach Chalk Green fiel ihr diesmal so leicht wie noch nie. Es schien ihr die natürlichste Sache der Welt, ins Internat zurückzukehren, aufs Land zu den Buchenwäldern, in das große, alte Haus, zu ihren Freundinnen aus dem Zimmer Ivory. Und zu Petruschka, der vor Freude über das Wiedersehen mit ihr so hoch in die Luft sprang wie ein Gummiball.

„Ich freu' mich richtig, wieder hierzusein", sagte Cindy beim Nachmittagstee zu ihren Freundinnen. Alle Räume der Schule waren in den Ferien frisch gestrichen worden. Es war schön, durch den Park zu gehen, der in einem satten Grün leuchtete, das der Herbst noch nicht berührt hatte.

Am nächsten Tag hatte Cindy vor dem Ausdruckstanz noch Zeit und machte gleich einen ausgiebigen Spaziergang mit Petruschka durch die Wälder. Sie war erschrocken, als sie plötzlich direkt vor Madame Volonaise stand. Fast hätte sie sie angerempelt.

„Oh – Entschuldigung“, stotterte sie ganz verdattert und wußte gar nicht, was sie sagen sollte.

Madame Volonaise stand gegen einen Baum gelehnt und lächelte Cindy entspannt und freundlich an. „Es sieht so aus, als müßten wir uns immer im Wald begegnen“, sagte sie und streichelte Petruschka, der neugierig an ihren Beinen schnupperte. Cindy wußte zwar, daß Madame Volonaise sich gerade im Internat aufhielt, aber sie hatte wieder einmal nicht damit gerechnet, sie hier zu treffen. Und nun schon zum zweiten Mal! „Ich habe nur Petruschka ein bißchen ausgeführt“, erklärte sie, „er läuft am liebsten frei herum. Eigentlich sollte ich schon wieder zurück sein, weil ich mich noch umziehen muß für den Unterricht.“ Sie fuhr sich durch den Pony, der ganz zerzaust war.

„Warte noch einen Moment“, hielt Madame Volonaise sie auf, „du kannst ihnen ja sagen, daß du mit mir gesprochen hast. Du hast dich verändert, Cindy. Gefällt es dir jetzt besser im Internat?“ Sie gingen langsam nebeneinander zum Internat zurück.

„O ja“, bestätigte Cindy voller Begeisterung, „ich finde es ganz toll hier. Manchmal denke ich zwar an London, und ich will auf die Dauer auch wieder zurück, aber ich hab’ so viel Neues gesehen und gelernt hier –“

„Ja, so siehst du auch aus“, mußte Madame Volonaise anerkennen, „du bist in Topform, scheint mir.“

Cindy strahlte. Es war so einfach, mit Madame Volonaise zu sprechen. Aber was würden wohl die anderen sagen, wenn sie sehen könnten, wie die kleine Schülerin mit einer so berühmten Frau im Wald spazierenging und mit ihr plauderte wie mit einer Freundin? „Ja, ich war in Wales in den Ferien“, sagte sie, „sechs Wochen lang.“

„Und jetzt bist du wieder fit für die Arbeit, nicht wahr? Übrigens, deine Großeltern haben mir geschrieben, sie kommen wahrscheinlich schon Anfang Januar zurück. Aber auch wenn sie erst später kommen sollten, du wirst auf jeden Fall im Januar wieder an der Dominick-Schule sein. Notfalls sollst du eben ein paar Wochen bei Miss Whiteway wohnen, sagen sie."

„Dann sind das jetzt bis Weihnachten meine letzten Monate hier?" fragte Cindy mit einem deutlichen Bedauern in der Stimme.

„Ja", nickte Madame Volonaise. „Was du einmal deine ‚Verbannung' genannt hast, das genießt du wohl inzwischen, hm? Im Januar läufst du aber wieder wie früher über den Red Lion Square, oder du stehst tief beeindruckt vor Elizabeth Ivorys Ballettschuhen in der Halle." Madame Volonaise lächelte sie schelmisch an. Mit einem Schlag verlor Cindy alle Unbefangenheit. In ihrer Erinnerung tauchte wieder das Bild ihrer Mutter auf, wie sie sie im Film gesehen hatte, in der Rolle der Josette. Es machte sie verlegen, daß Madame Volonaise mit ihren Worten auf die Begegnung anspielte, als sie Cindy gleich am ersten Tag in der Dominick-Schule vor der Vitrine mit den Ballettschuhen überrascht hatte. „Ich – ich wußte gar nicht", stotterte Cindy und spielte verlegen mit Petruschkas Leine, „daß Sie mich gesehen haben. Ich dachte, Sie wären zu weit weg gewesen."

„Ich sehe mehr, als du denkst, Cindy", sagte Madame Volonaise mit einem so netten Lächeln, wie es Cindy noch nie an ihr bemerkt hatte. „Du warst damals noch ein kleines Etwas, aber du hast dir die Schuhe richtig andächtig angeschaut." Sie waren vor dem Portal von

Chalk Green Manor angekommen. „Sie war –“ Cindy stockte. Wie konnte sie über ihre Mutter sprechen, als ob sie eine fremde Person wäre? „Sie war doch auch eine berühmte Tänzerin“, vollendete sie dann mutig.

„Das war sie“, nickte Madame Volonaise, „und eine der Besten. Aber jetzt lauf zu deinem Unterricht! Vielleicht schau' ich später noch einen Augenblick in eure Klasse rein.“ Und freundlich winkte sie ihr noch einmal zu.

Cindy rannte zu den Umkleideräumen. Sie wurde nicht schlau aus ihren Gefühlen. Der Gedanke, im Januar wieder in London zu sein, machte ihr Freude. Aber gleichzeitig verspürte sie auch Trauer, denn es hieß ebenfalls, sich von vielem zu trennen, was sie liebgewonnen hatte.

„Aber bis Januar“, sagte sie sich, während sie sich hastig umzog, „vergeht ja noch eine Menge Zeit. Da können noch tausend andere Dinge passieren.“

Miss Selswicks Ballett

Naß und kalt begann der Herbst, und alle fürchteten, es würde so bis zum Winter bleiben. Aber plötzlich im Oktober kam die Sonne heraus und schien wochenlang mit einer Wärme, als wäre der Sommer zurückgekehrt. Nur ganz allmählich begann sich das Laub zu färben. Allein die Haselnußsträucher zeigten hier und dort die ersten gelben Blätter. Blauschwarz hingen die Brombeeren an den Sträuchern am Wegrand, und wo im Sommer die Rosen geblüht hatten, saßen nun überall die reifen Hagebutten. Noch immer blühten in den Wiesen Enzian und Mohn auf den Feldern. Erst danach setzte das Schauspiel der Herbstfärbung ein, zuerst bei den Buchen. Die mattglänzenden Stämme trugen nun Blätter in leuchtendem Rot, vermischt mit immer neuen Gelb- und Brauntönen.

Sobald sich nur eine Gelegenheit bot, waren Cindy und Rose im Freien, um das warme Wetter auszunützen. In wenigen Wochen würde mit Kälte und Regen der Winter anbrechen, und dann war an Radtouren nicht mehr zu denken, wenn alle Wege in der Umgebung naß und matschig wurden.

„Ist das nicht einfach phantastisch!“ rief Cindy laut, als sie eines Nachmittags auf einem Hügel angekommen waren, der ihnen einen weiten Blick über die Täler bot. „Siehst du die Kamine der Bauernhöfe da drüben, wo die winzigen Rauchwolken aufsteigen?“ Sie deutete auf die Hügelgruppe gegenüber. „Man kann das Holzfeuer fast riechen, sogar hier oben. Ich verstehe überhaupt nicht, warum noch niemand ein Ballett über den Herbst geschrieben hat!“

„Warum machst du das nicht?“ schlug Rose vor, die noch ganz außer Atem war.

„Warum nicht“, antwortete Cindy in vollem Ernst, „eines Tages werde ich vielleicht ein Ballett schreiben. Ich hab’ manchmal so Ideen, was man da alles Neues machen könnte. Aber ich glaub’, ich weiß noch zu wenig über Choreographie. Da werde ich wohl noch etwas Geduld haben müssen.“ Sie radelten nebeneinander langsam zum Internat zurück.

Im Ballettunterricht arbeitete Cindy mit großem Fleiß und fast unheimlicher Energie. Sie machte täglich Fortschritte und war inzwischen eine der Besten in ihrer Klasse. Die eine oder andere war ihr vielleicht noch in reiner Stellungstechnik ein wenig voraus, und dann war Cindys Tanz außerdem sehr von ihrer momentanen Stimmung abhängig. So kam es, daß sie manchmal nicht den geringsten Fehler beging und dann wieder plötzlich das Gefühl hatte, ihr Körper ließe sie im Stich und gehorche ihr nicht mehr wie sonst. Aber auch die Lehrerin erkannte nun das große Talent, das sich hier immer deutlicher entwickelte. Und Cindy selbst war in ihrem Tanzunterricht noch nie so glücklich gewesen, die deprimierenden Anfangszeiten waren endgültig vorbei.

„Deine Arme haben die perfekte Form“, sagte Rose einmal fast neidisch, als sie gerade eine schwierige Figur mit einem „port de bras en haut“ übten.

„Unsinn“, wehrte Cindy ab, „sie sind doch viel zu mager, zwei richtige Stangen, und sie tun heute überhaupt nicht, was ich will!“ Wütend auf sich selbst schüttelte sie sich die Haare aus dem Gesicht.

„Aber neulich hab’ ich gehört“, hielt Rose dagegen, „wie Miss O’Donnell zu einer anderen Lehrerin sagte, dein ‚port de bras‘ wäre hochelegant.“ Man konnte sagen, was man wollte, sie blieb immer gerecht und grundanständig.

„Wirklich? Hat sie das gesagt?“ Cindy konnte es fast nicht glauben.

„Ja, und deine Pirouetten hat sie auch gelobt.“

„Ich glaub’, sie ist die netteste Lehrerin von allen. Wir können froh sein, daß sie bei uns ist“, meinte Cindy.

„Und neulich hat Madame Volonaise nur dich beobachtet“, fuhr die unverbesserliche Rose fort. „Du kannst ruhig glauben, was ich sage: Du bist sehr gut!“

„Das bildest du dir ein“, meinte Cindy, „sie hat sich

jede einzelne von uns ganz genau angeschaut. Eigentlich schade, daß sie nicht mehr unterrichtet." Sie kam zu Rose hinüber, die sich an der gegenüberliegenden Wand auf eine Bank gesetzt hatte. „Manchmal hat sie ja noch eine Klasse. Jetzt hat sie leider zu viel andere Sachen zu tun. Aber ich sag' dir, sie hat wirklich einzig und allein dir zugeschaut." Rose ließ nicht locker.

„Dann hoff' ich nur, daß sie mich nicht zu schlecht gefunden hat", antwortete Cindy mit echter Bescheidenheit. Über soviel Fehleinschätzung konnte ihre Freundin nur noch den Kopf schütteln.

Zur Ausbildung in Chalk Green Manor gehörten auch die regelmäßigen Ausflüge, die sie nach London machten. Dann ging die Klasse in Museen, Filme und Ausstellungen, oder, wenn gerade eine ausländische Truppe ein Gastspiel gab, auch in Ballettabende und in viele Konzerte. Am glücklichsten war Cindy, wenn sie Mozart hören konnte. Es war die Leichtigkeit seiner Musik, die ihr gefiel, und gleichzeitig die Schönheit seiner Melodien. Deshalb machte es ihr auch keinerlei Schwierigkeit, kleine Mozart-Stücke im Klavierunterricht einzuüben. Rose hatte es damit schon viel schwerer. Sie war zwar ausgesprochen musikalisch, aber mit dem Klavierspielen hatte sie irgendwie ihre Probleme.

„Ich glaub', ich kann mir Musik nur anhören", stöhnte sie eines Tages wieder mal verzweifelt, „aber nicht selber spielen." Und als sie den nächsten Akkord auch falsch anschlug, knallte sie wütend den Deckel zu und ging aus dem Zimmer.

Regelmäßig bekamen sie Post von ihren Freundinnen an der Dominick-Schule in London. Einen dieser Briefe las Rose sogar ihren Mitschülerinnen laut in der Bibliothek vor, denn er brachte große Neuigkeiten. „Hört euch das mal an“, rief sie. „Hier steht: Jetzt fängt wie jedes Jahr natürlich wieder die Aufregung mit der Weihnachtsmatinee an. Bald sind die ersten Proben, und jede von uns zittert schon, ob sie mitmachen darf. Die Abschlußklassen machen ihr eigenes Ballett. Unsere Aufführung (und eure auch, weil ihr ja doch wohl mitmacht) soll ein Ballett sein, das Miss Selswick geschrieben hat. Jeder hier hat den größten Respekt vor ihr, und sie schaut ja auch unheimlich streng aus. Daphne sagt, sie war schon immer so, sogar noch schlimmer, als sie noch ihre eigene Schule in Willerbury hatte. Ich glaube, Cindy ist ihr auch schon einmal begegnet. Jedenfalls hat sie ein Ballett für uns gemacht: ‚Das Feenkind‘–“

„Also, ich hätte als Titel lieber ‚Das verwechselte Kind‘ “, flüsterte Joan dazwischen.

„Gute Idee“, flüsterte Cindy zurück, „und ihr beide, ihr tanzt die Titelrollen.“ Sie grinsten alle drei.

Rose las schon wieder weiter:

„– und jetzt sollen wir angeblich alle vortanzen, und zwar nicht im Klassenzimmer, sondern im großen Probenraum der Truppe! Niemand weiß, ob das nur ein wildes Gerücht ist. Aber das wird sich ja bald herausstellen!“

Cindy hatte gespannt zugehört. Als Rose fertig war, schlug sie vor Aufregung die Hände über dem Kopf zusammen: „ ‚Das Feenkind‘ wollen sie machen! Das ist ja toll!“

Alle sahen sie überrascht an. „Kennst du das Ballett schon? Hast du es schon mal gesehen? Hast du darin mitgetanzt?“ wurde sie dann von allen Seiten gefragt.

„Beinahe“, sagte Cindy zögernd, überrascht von

dem plötzlichen Interesse an ihrer Person. „Ich sollte damals sogar die Titelrolle tanzen, weil ich gerade richtig aussah, so klein und dunkelhaarig. Die anderen alle, die Geschwister im Stück, mußten ja groß und blond sein. Aber dann kriegte ich ausgerechnet an dem Tag Mumps, und Cherry hat die Rolle bekommen. Da war ich vielleicht fertig, kann ich euch sagen.“ Sie sah jetzt noch im nachhinein ganz traurig aus.

„Is' ja furchtbar“, sagte Sue, „aber vielleicht kriegst du ja diesmal die Rolle. Verdient hättest du es irgendwie schon.“ Sie klappte ihre Bücher zu. Einige andere murmelten zustimmend.

Da mischte sich plötzlich Christine ein. „Das wird sich ja wohl erst rausstellen“, sagte sie scharf, „von jeder Klasse können sowieso nur ganz wenige mitmachen. Und die besten Rollen kriegen immer die in London, weil sie für die Proben schon am Ort sind. Ich seh' überhaupt nicht ein, warum grade Cindy dafür ausgesucht werden soll.“ Sie verschränkte die Arme vor der Brust und baute sich herausfordernd vor Cindy auf. „Aber klar kriegt sie die Rolle“, rief Emilia erbittert. Sie hatte sich mit Cindy in letzter Zeit richtig angefreundet, die bei ihr Italienisch lernte.

„Wart's ab!“ meinte Christine hochnäsig und rauschte hinaus.

Kurz danach sprach sich die neueste Nachricht herum: Miss Selswick und Madame Volonaise würden nach Chalk Green kommen und diejenigen Schülerinnen auswählen, die zum Vortanzen für das Weihnachtsballett nach London kommen durften. Alle aus Chalk Green konnte man wegen der Menge nicht dazu einladen, also mußte man eine Vorauswahl treffen.

Und sofort waren Cindy und ihre Freundinnen von

der immer gleichen Aufregung gepackt, besonders aber Cindy, die um ihr Leben gern einmal auf der Dominick-Bühne getanzt hätte und nie vergessen konnte, daß sie die Rolle damals um ein Haar verpaßt hatte. Außerdem fand sie auch die Geschichte schön, in der die kleine, blonde Schwester von den Waldgeistern geraubt wird und das dunkelhaarige Kind an ihre Stelle tritt.

Mit dem Besuch der beiden „großen Damen“ wurde natürlich auch der gesamte Stundenplan umgeworfen. Die Ballettklassen fanden jetzt nicht mehr nur am Vormittag statt, sondern wurden auch auf den Nachmittag gelegt, so daß jede Klasse, eine nach der andern, begutachtet werden konnte.

Endlich erschien die Jury aus London, von einer Sekretärin der Dominick-Schule begleitet. Sie kamen zwar gerade zum Mittagessen an, aber an diesem Tag war der Eßsaal nicht wie sonst immer vom vielstimmigen Geschnatter der Schülerinnen und Schüler erfüllt. Statt dessen stand eine gespannte Ruhe im Raum, und jeder schielte über seinen Tellerrand zum Lehrertisch hinüber, wo Madame Volonaise saß.

Auch am Ivory-Tisch herrschte große Nervosität. „Ich krieg' überhaupt nichts runter!“ seufzte Cindy und gab es auf, in ihrem kalten Roastbeef herumzustochern.

„Das wird noch Stunden dauern, bis wir wissen, wer nach London darf“, jammerte Karin und schob den Teller fort. Wie jede andere war auch sie ganz versessen darauf, in der Weihnachtsmatinee an der Dominick-Schule aufzutreten. Sie war auch eine ziemlich gute Tänzerin, aber ihr fehlte eine wichtige Eigenschaft: Selbstvertrauen. Sie konnte im entscheidenden Augenblick nicht alle ihre Kräfte und Fähigkeiten zusammennehmen.

Als Cindy mit ihrer Klasse in den Übungsraum kam, stand Madame Volonaise schon in ihrem eleganten schwarzen Kleid lässig gegen die Wand gelehnt. Miss Selswick besprach etwas mit dem Pianisten. Sie hob gerade den Kopf und sah Cindy hereinkommen.

„Hallo, das ist ja Cindy! Wie geht's denn?" erkundigte sie sich freundlich.

„Ganz gut, Miss Selswick", antwortete Cindy, die sich plötzlich verlegen und unsicher fühlte. Es war ihr fast schlecht vor Aufregung. Noch einmal steckte sie ihr Haar fest und kontrollierte die Bänder an ihren Schuhen. Dann begann der Unterricht. Als Cindy die vertraute Barre mit der Hand berührte, ging es ihr sofort besser. Nur war es doch etwas schwierig, nicht immer zu der Sekretärin hinüberzuschielen, die die ganze Stunde lang jedes Mal eifrig Notizen machte, wenn Madame Volonaise leise mit ihr sprach.

„Danke, Kinder, das war's schon", rief Madame Volonaise schließlich und ließ sie ihre Mäntel überziehen, „ihr wißt sicher, daß wir dieses Jahr ein Ballett von Miss Selswick aufführen, ‚Das Feenkind'. Ihr wißt auch, daß ihr dabei nicht alle mitmachen könnt. Nicht einmal alle diejenigen, die wir zum Vortanzen nach London einladen, werden dabeisein können. Das heißt aber nicht etwa, daß das alles schlechte Tänzerinnen sind. Es gibt nun mal weniger Rollen als Kandidaten, und außerdem braucht das Stück vor allem blonde Tänzerinnen. Miss Selswick wird euch jetzt sagen, wer alles am Samstag zum Vortanzen kommen soll."

Die Sekretärin reichte Miss Selswick ihre Notizen. Im gleichen Augenblick trat ein vollkommenes Schweigen ein. Wortlos sahen sich Cindy und Rose an. Etwas weiter weg sahen sie Christine stehen. Sie hatte sich schwungvoll ihren Mantel über die Schulter geworfen und stand mit hoch erhobenem Kopf da. Offenbar war sie schon ziemlich sicher, unter den Auserwählten zu sein. Und damit hatte sie sogar recht, denn nun las Miss Selswick die Namen vor: „Christine Gifford, Rose Conway, Joan und Sue Meredith, Cindy Adams, Emilia Riante –“ und noch drei weitere Schülerinnen, darunter Jans Cousine Brownie!

Rose und Cindy fielen sich vor Erleichterung um den Hals. Karin ließ enttäuscht den Kopf hängen.

„Nimm's nicht so schwer, Karin“, sprach Miss Selswick sie freundlich an, „nächstes Jahr bist du bestimmt mit dabei.“

Dann verließen die drei Frauen den Übungsraum. Sofort wurde es viel lauter, alle plapperten wild durcheinander und drängten in die Umkleideräume.

„Ich bin vielleicht froh, daß sie mich genommen haben! Und du, Cindy, du warst ja total weiß vor Aufregung. Aber wir haben es geschafft! Toll!“ Rose war völlig aus dem Häuschen.

„Von wegen!“ rief Christine laut dazwischen. „Jetzt kommt erst mal das Vortanzen in London.“ Sie konnte es nicht lassen.

„Für dich auch!“ zischte jemand aus der Ecke heraus.

Christine warf stolz den Kopf in den Nacken. „Na und?“ erwiderte sie schneidend. „Man wird sich daran erinnern, daß schon meine Mutter in der Dominick-Truppe getanzt hat.“ Sie bürstete affektiert ihre Haare.

„Warum gibst du ihr nicht eins drauf?“ flüsterte Rose Cindy zu. „Warum sagst du ihr nicht, wer deine Mutter war? Ich versteh' dich einfach nicht!“ Sie hatte zwei Falten zwischen den Augen.

„Hab' ich mir halt so angewöhnt", lachte Cindy, und zusammen liefen sie hinaus, um Petruschka zu suchen, den sie bei all der Aufregung dieses Tages ganz vernachlässigt hatten.

Am Samstag nach dem Mittagessen ging es mit dem Bus durch eine fast schon winterliche Landschaft nach London. Die schönen Buchen hatten jetzt alle bunten Blätter abgeworfen, kahl und dunkelgrau standen sie da, das dichte Laub zu ihren Füßen.

Für Cindy war es ein ungewohntes Gefühl, nicht ihre alte Dominick-Schule, sondern den hellen Probenraum zu betreten, wo alle großen Balletterfolge der Dominick-Truppe begonnen hatten. Erst recht seltsam fühlte sie sich, als sie dort auf der Heizung Jan Williams sitzen sah. Er sprang sofort herunter und ging auf die Gruppe aus Chalk Green zu.

„Hallo, Brownie! Hallo, Rose! Hallo, Cindy!" begrüßte er sie strahlend. „Ich hab' mir schon gedacht, daß ihr auch dabei seid. Und wie lebt sich's inzwischen so auf dem flachen Land?"

„Besser, als du vielleicht denkst", lachte Cindy, „wir sind heute nur nicht in so guter Verfassung wie sonst." Sie legte ihre Tasche auf die Fensterbank.

„Kann ich mir denken", grinste er, „aber den andern geht's auch nicht besser. Habt ihr Daphne schon gesehen? Die kratzt bald jedem die Augen aus. Sie behauptet, sie hat die eine Hauptrolle schon mal getanzt, in Willerbury oder wo, und jetzt meint sie, sie müßte sie natürlich wieder kriegen." Er verdrehte die Augen.

„Das muß gar nichts heißen", stellte Cindy nüchtern fest, „und außerdem ist sie seitdem viel zu groß geworden für die Rolle. Aber von mir aus soll sie die

Rolle ruhig haben, wenn sie sie so dringend will." Das meinte Cindy ganz ernst.

„Heb dir deine freundlichen Gefühle lieber für jemand anderen auf", riet Jan ihr, „Daphne jedenfalls wünscht dich dahin, wo der Pfeffer wächst. Da könntest du ihr wenigstens keine Rolle wegnehmen."

„Ich kann Eifersucht nicht ausstehen", sagte Cindy ruhig. Von Anfang an war es schon immer ihr Problem gewesen, daß es überall Leute gab, die einen haßten, wenn man eine gute Rolle bekam. Sosehr sie sich eine Rolle im „Feenkind" wünschte, und wenn es auch die unbedeutendste wäre, so wußte sie doch, daß sie niemals Daphne, Queenie oder Christine hassen würde, wenn sie selbst versagte und die andern Erfolg hatten. Sie drängte die Gedanken fort. Sie gingen alle zum Eintanzen an die Barre, und einer der Dominick-Tanzlehrer gab ihnen einige Übungen vor. Mittendrin erschienen Igor Dominick, Miss Selswick und Madame Volonaise und steckten flüsternd die Köpfe zusammen. Nach einer Weile wandten sie sich der Gruppe zu und beobachteten jeden einzelnen mit solcher Konzentration und Aufmerksamkeit, daß nicht nur Cindy fast die Nerven verlor und ins Schwitzen kam.

Als die Übungen beendet waren, ergriff Igor Dominick das Wort. „Ein wirkliches Vortanzen", sagte er erst einmal „war das natürlich nicht. Kann es auch nicht sein, weil ja keiner von euch das Ballett kennt und deshalb auch keiner eine Passage daraus vortanzen kann. Aber eure Fähigkeiten können wir trotzdem beurteilen, und wir wissen ja, wie viele Rollen wir zu vergeben und wie die Personen auszusehen haben. Jetzt wird euch erst mal Miss Selswick die Story erzählen." Er setzte sich wieder neben das Klavier.

Miss Selswick lächelte in die gespannten Gesichter und begann: „Also, die Geschichte geht so: In einem Wald lebt ein Holzfäller mit seiner Frau und acht blonden Kindern, vier Jungen und vier Mädchen. Das jüngste und blondeste Kind ist Selina. Alle tanzen und spielen gern im Wald, müssen aber nach Sonnenuntergang zu Hause sein, weil sonst die Waldfeen sie mitnehmen. Aber Selina hält sich nicht daran. Sie möchte den jungen Prinzen aus dem Schloß wiedersehen, der ihr einmal im Wald begegnet ist. Prompt wird sie von den Feen gekidnappt, und an ihrer Stelle liegt am Morgen ein Feenkind im Bett, ein dunkles und wildes Geschöpf aus einer anderen Welt. Die Geschwister sind entsetzt und versuchen, unter dem boshaften Gelächter des fremden Wesens Selina wiederzukriegen, aber das wird durch den Feenzauber verhindert. Da taucht der Prinz auf, und es gelingt ihm, den Bann zu brechen und Selina zu befreien. Das Feenkind muß gegen seinen Willen zurück zu den Waldgeistern, obwohl es lieber unter den Menschen wohnen würde. In der Schlußszene tanzt der Prinz noch einmal mit Selina und dem Feenkind einen großen Pas de trois. Soweit die Handlung. Jetzt aber zur Verteilung der Rollen."

Man hätte eine Stecknadel fallen hören, so still wurde es im Saal. Zuerst wurden die Rollen des Holzfällers und seiner Frau an zwei Ältere vergeben, dann vier blonde Jungen für die Brüder ausgewählt und für die Schwestern drei blonde Mädchen, darunter Joan und Sue.

Nun stand der spannendste Augenblick bevor, denn die drei Hauptrollen blieben noch übrig: Selina, der Prinz und das Feenkind. Cindy, die in atemloser Spannung dastand, sah zufällig zu Daphne hinüber. Neidlos hätte sie ihr die Rolle der Selina gegönnt, auch wenn Daphne eigentlich nicht der richtige Typ war. Aber da wurde für die Selina auch schon ein Mädchen namens Marita aus einer der jüngeren Dominick-Klassen benannt. Jan Williams sollte den Prinzen tanzen.

Jetzt wurde es wirklich spannend: Wer würde das Feenkind sein? Es gab ja eine ganze Menge kleiner, dunkelhaariger Mädchen aus der Dominick-Schule und aus Chalk Green, die dafür in Frage kamen. „Das Feenkind", sagte Miss Selswick in die erwartungsvolle Stille hinein, „habe ich an Cindy Adams gegeben."

Cindy traute ihren Ohren nicht, als sie das hörte, und bekam sofort weiche Knie, wie in einem Schock. Niemals hätte sie gewagt, auf so ein Ergebnis zu hoffen. In Willerbury zu tanzen, in der Aufführung einer kleinen, unbedeutenden Provinztanzschule, das war ja ganz gut und schön. Aber aus so vielen ausgewählt zu werden, für die Titelrolle, auf der Dominick-Bühne – das war eine unglaubliche Auszeichnung. Sie hörte gar nicht mehr die lange Liste der Namen für die übrigen Rollen. Aber als sie die enttäuschten Gesichter von Queenie, Daphne und Christine sah, kam sie sich fast zu glücklich vor. Dann war die Besprechung vorbei.

Beim Hinausgehen stand sie immer noch so traumverloren an die Wand gelehnt, daß Rose und die Zwillinge sie einfach unterhakten und in die Kantine zum Tee mitnahmen.

„Haben wir es dir nicht gleich gesagt, Cindy!" sagte Joan und schlug ihr auf die Schulter, und Rose umarmte ihre Freundin: „Super! Toll! Du hast es aber auch wirklich verdient. Und Christine geschieht's ganz recht. Die ist bloß eine der Feen, und Daphne sogar nur zweite Besetzung für eine Selina-Schwester. Ich bin ganz zufrieden mit meiner Feenrolle, nur meine Eltern haben natürlich mehr erwartet.“

Cindy kriegte bei dem ganzen Geschnatter gar kein Wort dazwischen. Aber ihr Glück war vollkommen, und sie hätte am liebsten auf der Stelle laut gesungen vor Freude. Ihr einziger Kummer war, daß ihre Großeltern sie nicht auf der Bühne sehen würden, sie wollten ja erst nach Weihnachten zurückkommen.

Cindy hat’s schwer

Lange hielt Cindys Seligkeit jedoch nicht an. Queenie, Daphne und Christine hatten ihr schon bisher das Leben schwer gemacht und dauernd gegen sie gestichelt. Jetzt aber hockten sie mit einigen anderen Schülerinnen zusammen, saßen von den übrigen getrennt und warfen Cindy feindselige Blicke zu.

„Die können mich nicht leiden!“ sagte Cindy zu Rose im Umkleideraum. „Daphne war schon neidisch, als ich das Feenkind in Willerbury tanzen sollte, und jetzt ist sie nur zweite Wahl. Aber was kann ich denn dafür? Sie wäre sowieso die falsche Besetzung.“ Sie stopfte ihre Sachen in die Tasche.

„Kümmer dich doch gar nicht um sie“, meinte Rose, „dieses Biest!“

„Und Christine? Die seh’ ich doch jeden Tag in der Klasse“, gab Cindy zu Bedenken. „Daphne ist eigentlich nicht mal so schlimm, und ich kann ihren Ärger sogar verstehen, aber vor Queenie und Christine hab’ ich irgendwie Angst.“ Sie wartete vor der Tür, daß die anderen fertig wurden. Jan lehnte neben ihr am Türrahmen.

„Queenie ist ja auch ein richtiges Miststück“, sagte er. Ganz deutlich stand er auf Cindys Seite. „Deine Christine ist auch nicht besser, was ich so sehen kann. Die alten Hexen kochen sich grade was aus da drüben, aber das geht auch wieder vorbei. Wirst schon sehen.“ Cindy antwortete nicht, sie blieb vorsichtig.

Die „alten Hexen“ jedoch hatten sich erst richtig in Stimmung gebracht. Ihre Feindseligkeit gegen Cindy und ihr lang gehegter Neid kamen jetzt wegen der Titelrolle voll zum Ausbruch. Auf dem Weg aus der Garderobe versperrten sie ihr plötzlich den Weg.

„Einen Moment, Cindy!“ Christines Stimme klang unheilverkündend. „Das ging ja wohl nicht alles mit rechten Dingen zu vorhin. Und das weißt du auch. Du hast die Rolle doch nur bekommen, weil sie dir schon einmal in Willerbury versprochen war. Seitdem bist du doch sowieso der Liebling von Miss Selswick. Und nur deshalb bist du uns allen vorgezogen worden.“

Cindy wurde blaß vor der Bosheit, die ihr da entgegenschlug. „Das ist nicht wahr!! Wie kannst du so was nur sagen! Das würde sie nie tun. Und Mr. Dominick und Madame Volonaise würden es auch gar nicht zulassen!“

„Das glaubst du doch selber nicht! Miss Selswick hat das Ballett doch geschrieben und hat die Erlaubnis, zu nehmen, wen sie will. Und so kommt eben Klein Cindy zu ihrem Auftritt!“

„Seid ihr gemein!“ fuhr Rose sie an. „Wenn es nur wegen Willerbury ist, warum hat bitte schön Daphne dann nicht die Selina bekommen?“ Sie war ganz rot im

Gesicht vor Ärger. Daphne verzog nur den Mund, wußte aber keine rechte Antwort darauf. Da sprang ihr Queenie zur Seite.

„Wir geben dir einen guten Rat, Cindy“, sagte sie drohend und trat einen Schritt näher, „am besten gibst du die Rolle zurück.“ Ihr Gesicht war überhaupt nicht mehr hübsch, sondern nur noch haßerfüllt.

„Sonst machst du dich womöglich an beiden Schulen unbeliebt“, schob Christine giftig nach. Sie hatte Queenie erst bei diesem Vortanzen kennengelernt, aber wenn es gegen Cindy ging, waren sie sofort ein Herz und eine Seele. Etwas anderes wäre es natürlich gewesen, wenn eine von ihnen eine gute Rolle bekommen hätte und die andere nicht.

Cindy fühlte sich in der Falle. Sie wußte nicht mehr, was sie tun sollte. Ihr ganzes Glücksgefühl war verflogen. Ratlos zögerte sie mit einer Antwort.

„Wenn ihr nicht sofort aufhört“, sagte Rose leise und wütend, „dann erzähl’ ich das alles Madame Volonaise, oder gleich Mr. Dominick selber!“

„Das traust du dich ja nie, Röschen-Mäuschen“, spottete Queenie, „du kannst ja nicht mal ’nen Eimer Wasser umschmeißen!“

„Wenn du dich mal nicht getäuscht hast“, sagte die entschlossen, „wenn Cindy es nicht selber macht, geh’ ich jetzt sofort ...“ Sie drehte sich schon um.

Aber Cindy hielt sie am Arm fest. „Nein, Rose, gepetzt wird nicht“, sagte sie ruhig.

„Dann gibst du die Rolle also zurück?“ fragte Daphne triumphierend. „Was anderes bleibt dir ja auch nicht übrig!“ Sie lachte höhnisch. Da kriegte Cindy einen heiligen Zorn. Das konnte sie sich wirklich nicht gefallen lassen.

„Nein, mach' ich nicht“, sagte sie mit blitzenden Augen und ballte die Fäuste, „ihr lügt euch doch was vor! Mr. Dominick und Madame Volonaise haben doch auch ja dazu gesagt. Ich werde das Feenkind tanzen! Da könnt ihr machen, was ihr wollt! Es tut mir leid für euch, daß ihr keine besseren Rollen bekommen habt, aber immerhin habt ihr überhaupt eine, und andere haben gar keine.“ Sie wollte schon weitergehen.

Aber Queenie konnte es einfach nicht verwinden, daß sie, die Tochter der berühmten Beryl Bertram, nur eine kleine Waldfee darstellen sollte. „Du bildest dir ganz schön was ein, bloß weil du schon mal auf der Bühne warst“, zischte sie. Es sah aus, als wollte sie Cindy ohrfeigen.

„Du bist doch echt das Letzte, Queenie“, ertönte da eine Stimme von hinten. Als Cindy sich umdrehte, sah sie Jan, der alles mitbekommen, sich aber bisher rausgehalten hatte. „Du hast doch außer deiner Mutter gleich gar nichts zu bieten, du Angeberin! Du bist auch nicht besser, Daphne. Und von dir, Christine, hat noch nie irgend jemand irgendwas Besonderes gehört.“

Wütend, aber sprachlos, starrten die drei zu Jan hinüber, der sich neben Cindy aufgebaut hatte. Er war kaum älter oder größer als sie, aber in seiner Miene lag finstere Entschlossenheit. Nicht einmal Queenie wollte sich jetzt auf einen Streit mit ihm einlassen.

„Ich warne euch“, sagte er leise, „laßt Cindy bloß in Ruhe! Überhaupt ist sie eine bessere Tänzerin als ihr alle zusammen, und das ärgert euch wahrscheinlich am meisten. Ich finde, ihr benehmt euch sagenhaft mies!“

Das war nun auch für die selbstbewußte Christine zuviel. Momentan besiegt, aber noch nicht geschlagen, traten die drei den Rückzug an.

Noch ganz erschüttert von dieser bösen Auseinandersetzung warf Cindy Jan einen erleichterten Blick zu. „Nett, daß du zu mir gehalten hast, Jan“, sagte sie dankbar, als sie alle drei zusammen zum Ausgang gingen, „ich weiß manchmal nicht mehr, was ich machen soll, wenn die alle gegen mich sind. Ich kann doch nicht einfach nachgeben.“ Ihr zitterten noch die Hände.

„Mußt du auch nicht“, bekräftigte Jan, „du tust denen sogar noch einen Gefallen, wenn du die Rolle nicht zurückgibst, denn Miss Selswick würde doch sofort wissen wollen, warum. Und dann käme ja raus, wie unfair die drei eben waren. Und außerdem: Ich als Prinz hab' ja vielleicht auch noch ein Wort mitzureden, findest du nicht, Cindy?“

„Ich glaub', wir müssen uns beeilen“, warf Rose dazwischen, „unser Bus fährt gleich ab.“ Sie schaute auf die Uhr.

„Wir sehen uns ja bald bei den Proben“, verabschiedete sich Cindy hastig von ihm, und dann liefen die beiden Mädchen hinaus. Sie waren die letzten, die einstiegen. Während der ganzen Fahrt saß Cindy schweigend und tief in Gedanken versunken da. Ihr Herzenswunsch war zwar in Erfüllung gegangen, aber gleichzeitig hätte sie am liebsten geheult.

Die meisten Mitschülerinnen in Chalk Green, die gar nicht erst zum Vortanzen gekommen waren, freuten sich über Cindys Erfolg und gratulierten ihr dazu. Ein paar gab es aber doch, die auf Christines Seite waren. Es konnte nur daran liegen, meinten sie, daß Miss Selswick Cindy schon kannte und ihr die Rolle damals in Willerbury schon gegeben hatte. Es gab ja schließlich noch andere kleine, dunkelhaarige Mädchen in der

Schule, die genauso gut tanzten wie Cindy, behaupteten sie neidisch. Christine war natürlich hocherfreut, daß wenigstens einige wenige ihre Meinung teilten. Sie war in Chalk Green bisher nie beliebt gewesen und hatte sich immer eingeredet, daß die anderen nur eifersüchtig auf sie waren. Um so mehr Spaß hatte sie daran, die Mißgünstigen jetzt dazu anzustacheln, Cindys Triumph runterzumachen. So konnte sie nämlich auch mit ihrer eigenen Enttäuschung besser fertig werden. Wo dieses Grüppchen zusammenhockte, wurde über Cindy hergezogen.

„Hör doch nicht auf sie!" tröstete Rose ihre Freundin. „Es sind ja auch nur ein paar, die auf dich neidisch sind und dieser blöden Christine hinterherlaufen."

Auch Brownie, die eine der Waldfeen tanzen sollte, versuchte Cindy zu beruhigen: „Vergiß sie! Wir finden alle, daß du genau die richtige für die Rolle bist. Und du wirst auch ganz toll sein auf der Bühne!" Sie saßen zusammen im Raum Ivory.

„Wenn ich nicht scheußliches Lampenfieber kriege", meinte Cindy dazu besorgt. Sie bemühte sich zwar, die boshaften Kommentare zu ignorieren, und es half ihr auch sehr, daß fast alle in der Schule sich mit ihr freuten. Aber irgendwie saßen ihr diese Gemeinheiten doch wie ein Stachel im Herzen. Nachts lag sie wach und fragte sich, ob Miss Selswick sie nicht doch etwa nur wegen ihrer gemeinsamen Zeit in Willerbury ausgesucht hatte. Die Vernunft sagte ihr, daß weder die unparteiische Miss Selswick noch gar Madame Volonaise oder Mr. Dominick sich zu so etwas hergegeben hätten. Trotzdem schwankte sie zwischen Vernunft und Zweifeln. Das hatte Folgen. Sie wurde blasser, verlor ihre Munterkeit und konnte sich nicht einmal mehr an ihrer neuen Rolle freuen.

Das wurde auch nicht besser, als Miss Selswick am Montag darauf nach Chalk Green kam und mit den ersten Proben begann. Mit Cindy arbeitete sie manchmal sogar alleine, was Christine natürlich schon wieder zum Anlaß nahm, gegen Cindy zu sticheln und zu hetzen.

Wie schon in Willerbury gefiel Cindy die ihr bekannte Musik und die Tänze im „Feenkind“, und sie fand die Arbeit daran auch nicht zu schwierig. Trotzdem fehlte ihr irgendwie die rechte Begeisterung, und das sah man ihrem Tanzen auch an.

Etwas beunruhigt fragte Miss Selswick sie bald bei einer Probe, ob sie auch ganz gesund sei. Aber Cindy antwortete nur ausweichend: „Ich bin schon in Ordnung.“ Sie zog ihre Beinwärmer nach oben.

„Wenn du nur nicht wieder Mumps kriegst in letzter Minute“, sagte Miss Selswick freundlich, „ich weiß noch genau, wie schrecklich das für dich war.“

„Es gibt aber doch einen Ersatz für mich, oder?“ wollte Cindy wissen.

„Sicher, sie tanzt auch ganz gut, aber sie hat nicht dein Schauspieltalent. Laß mich also ja nicht sitzen.“ Und noch einmal begannen sie den Tanz zu üben.

Kurz danach ging es zur ersten richtigen Probe nach London. Das hieß aber auch, Daphne und Queenie wiederzubegegnen. Die beiden benützten natürlich sofort die Gelegenheit, über Cindy herzuziehen, und prompt schlug es ihr auf die Stimmung.

„Ich glaub’, mir macht das alles keinen Spaß mehr“, sagte sie niedergeschlagen zu Rose, als sie auf den Pianisten warteten.

„So kenn' ich dich gar nicht“, ärgerte sich Rose, „so was wirft dich doch sonst nicht aus dem Gleis.“

„Normalerweise nicht“, gab Cindy zu, „aber wenn sie mich die ganze Zeit immer nur so böse anstarren, wenn ich tanze, dann nimmt mir das einfach die Freude. Ich werde bestimmt ganz schlecht sein, und das wollen sie ja nur.“ Niedergeschlagen legte sie die Arme um ihre Knie.

„Schämst du dich eigentlich nicht, so was zu sagen?“ sagte Rose mit ganz ungewohnter Heftigkeit und rüttelte sie am Arm. Da kam Madame Volonaise mit dem Pianisten herein, und die Probe begann. Jeden Samstag gab es nun eine Gesamtprobe. An einem Freitag vorher kam überraschenderweise Miss Whiteway mit dem Wagen nach Chalk Green. Miss Selswick hatte sie gebeten, nach Möglichkeit herauszukriegen, was mit Cindy los war. Allen war ihr Leistungsabfall aufgefallen. Also wurde Cindy schon am Vormittag der Probe mit dem Auto abgeholt, und obwohl Miss Whiteway erschüttert über Cindys Aussehen war, sagte sie nichts, bis sie in ihrer Wohnung vor dem Kaminfeuer saßen. Cindy hatte sich in einen Sessel gekuschelt und starrte in die Glut.

„Ich hätte gedacht“, begann Miss Whiteway endlich, „du wärst im siebten Himmel wegen deiner Rolle. Was ist denn mit dir los, Cindy? Hast du wieder Heimweh? Oder bist du krank?“

Cindy versuchte tapfer, die aufsteigenden Tränen wegzublinzeln. „Es ist nichts“, schluchzte sie auf, „ich bin wahrscheinlich ganz blöd, aber – aber –“ Sie schluckte und versuchte sich zu fassen.

„Aber was? Willst du es mir nicht sagen?“ bohrte ihre ältere Freundin nach.

Da erzählte ihr Cindy die ganze Geschichte und beschönigte auch die Gemeinheiten ihrer drei Feindinnen nicht. Und gegen Ende brach es aus ihr heraus: „Glauben Sie, ich soll die Rolle aufgeben? Ich würde sie so gern behalten. Aber es macht mir schrecklich viel aus, daß die andern so gegen mich sind. Und was ist, wenn Miss Selswick mir wirklich bloß einen Gefallen tun wollte? Ich weiß überhaupt nicht mehr, was ich tun soll." Sie schniefte laut.

Miss Whiteway lächelte sie nachdenklich an und sagte: „Meine liebe Cindy, dir wird, je weiter und höher du kommst auf deinem Weg in die Welt des Theaters, noch viel Schlimmeres bevorstehen als dieses bißchen Neid deiner Mitschülerinnen. So schrecklich es klingt: Du mußt dir dagegen eine dicke Haut zulegen. Sonst wirst du bei deinen Erfolgen unter der Mißgunst der anderen immer nur leiden."

„Ich kenne das ja schon ein bißchen", erklärte Cindy, „aber dieses Mal denke ich, sie haben vielleicht recht mit ihren Sticheleien. Schließlich war ich ja wirklich fast einmal das Feenkind, und Miss Selswick kennt mich noch aus Willerbury, und –"

„Jetzt red bitte keinen Unsinn!" unterbrach Miss Whiteway sie ernst. „Man hat dich genommen, weil du in jeder Hinsicht für die Rolle geeignet bist, und zufällig weiß ich, daß es hauptsächlich Madame Volonaise war, die sich bei der Auswahl für dich eingesetzt hat. Miss Selswick schwankte sogar eine Zeitlang zwischen dir und einer anderen."

Cindy sah sie mit hoffnungsvollen Augen an. „Ist das wahr?" fragte sie leise.

„Ich würde dich nie anlügen, Cindy", antwortete Miss Whiteway. „Und jetzt mach die Sache nicht unnötig kompliziert mit dummen Grübeleien. Du bist richtig für die Rolle, also mach jetzt das Beste daraus! Du kannst die anderen doch nicht im Stich lassen, oder? Ich hoffe aber, du hast außerdem auch deine Freude daran."

„Sie meinen also, ich soll damit weitermachen?" fragte Cindy, und es war ihr anzusehen, wie erleichtert sie war.

„Aber natürlich! Und jeder andere in der Truppe findet das auch. Ich hätte nicht übel Lust, mit diesen drei Gören ein Wörtchen zu reden, obwohl ich nicht mehr zum Lehrpersonal gehöre. Aber es ist sowieso viel besser, du selbst arbeitest jetzt energisch an deiner Rolle und überzeugst mit deinem Tanzen die ganze Schule, damit sie mit Recht stolz auf dich sein kann."

„Ich werde mich anstrengen wie noch nie!" versprach Cindy mit leuchtenden Augen und neu erwachter Begeisterung. „Es ist nur schade, daß meine Großeltern nicht dabeisein können."

„Aber ich werde dasein und dich sehen", erwiderte Miss Whiteway und legte noch ein Holzscheit nach. „Und ebenso alle anderen, die große Stücke auf dich setzen. Und all deine Freundinnen auch. Kommt nicht auch Mrs. Pilgrim zu der Matinee?"

„Ja, und sogar Jenny sagte, sie wollte das Stück auf keinen Fall verpassen. Sie hat das Tanzen aufgegeben, aber sie weiß noch, wie schlimm es war, als ich damals Mumps kriegte und nicht tanzen konnte."

„Na, siehst du!" sagte Miss Whiteway fröhlich. „Jetzt aber ab ins Bett! Du hast einen anstrengenden Probentag vor dir." Cindy sagte ihr fröhlich gute Nacht und hopste vor Freude über den Flur zu ihrem Zimmer. An diesem Abend fühlte sie sich so gut wie schon seit

Tagen nicht mehr. Wenn sie jetzt an das „Feenkind“ dachte und an ihren kommenden Auftritt, machte sie sich keine trüben Gedanken mehr, sondern freute sich einfach richtig auf die Probenarbeit. Gleich morgen würde sie alle Energie zusammennehmen. Die drei blöden Ziegen sollten ruhig Augen machen!

Im Schnee

Am nächsten Morgen begannen schon um halb neun die Proben. Miss Selswick stellte erfreut fest, daß Cindy wie verwandelt war. Das lange Gespräch mit Miss Whiteway hatte ihr offensichtlich gutgetan, denn sie tanzte selbstvergessen wie an ihren besten Tagen und so schwebend und leicht, daß man sie fast für eine wirkliche Fee halten konnte. Auch Christine, Queenie und Daphne bemerkten die Veränderung und machten finstere Gesichter. Sie mußten feststellen, daß Cindy ihre Selbstsicherheit wiedergefunden hatte und sich auch von ihren spitzen Bemerkungen überhaupt nicht mehr beeindrucken ließ. Sie konzentrierte sich voll auf das Training und sah und hörte nichts anderes mehr.

„Toll, wie sie sich eingekriegt hat!“ freute sich Joan. „Sie tanzt einfach phantastisch! Ich kann das Feenkind schon richtig vor mir sehen.“ Rose fand das auch und erzählte das Kompliment bei der ersten Gelegenheit Cindy weiter, um sie aufzubauen. Doch das war gar nicht mehr nötig.

Es waren herrlich sorglose Wochen, und nicht einmal, als der Winter ins Land kam, wurde Cindy traurig. Noch vor ein paar Monaten hätte sie sich nicht vorstellen können, sich so wohl zu fühlen in Chalk Green Manor. Dabei wurde es Anfang Dezember bitter kalt, und jeden Morgen glänzte überall Rauhreif. Aber auch an wolkenverhangenen Tagen entdeckte Cindy noch irgend etwas Positives in der Landschaft, und wenn es nur rote Vogelbeeren waren.

Es war aber auch eine anstrengende Zeit mit dem Ballettunterricht und allen anderen Fächern im Internat und den regelmäßigen Proben für das „Feenkind" in London. Jeden Tag machte Cindy trotzdem einen Spaziergang mit Rose und ihren Freundinnen, denn sonst hielt sie das Programm nicht durch. Natürlich war Petruschka immer dabei, der kräftig herangewachsen war und auf den langen Spaziergängen ungebunden durch die Wälder toben konnte. Er mußte wohl etwas von einem Jagdhund in sich haben, denn manchmal folgte er einer Fährte und blieb stundenlang verschwunden. Cindy machte sich schon Sorgen, bis er plötzlich fröhlich bellend wieder auftauchte. Einmal war er besonders lange ausgeblieben und saß erst weit nach Sonnenuntergang winselnd vor der Tür des Internats.

Cindy hatte sich schon echte Sorgen gemacht. „Wenn du nun in eine Falle geraten wärst oder der Jäger dich herumstreunen sieht!" schimpfte sie und brachte ihn in den Stall. Offensichtlich hatte Petruschka ihr Donnerwetter verstanden, denn die nächsten Wochen lief er nicht mehr weg.

„Er wird mir schrecklich fehlen!" sagte Cindy eines Tages. „Aber ich kann ihn einfach nicht nach London mitnehmen. Und außerdem hat er hier ja seine hundert anderen Frauchen."

„Du bist aber schon sein besonderer Liebling“, meinte Karin, „du hast ihn schließlich gefunden.“

Von ihren Großeltern hatte Cindy noch immer keine Nachricht über ihre endgültige Rückkehr nach England. So nahm sie an, daß sie wohl das Weihnachtsfest bei Jenny und den Pilgrims verbringen würde. Sie freute sich schon darauf, aber gleichzeitig wußte sie auch, daß sie gerade an den Feiertagen London sehr vermissen würde.

Für Samstag vor Weihnachten war die Dominick-Matinee angesetzt, und am Vorabend sollte die Generalprobe über die Bühne gehen. Jeder, der dabei mitspielte, spürte während der letzten Tage im Internat, wie eine leise Nervosität immer stärker wurde, je näher der Termin heranrückte. Auch Cindy lief es manchmal ganz kalt den Rücken hinunter, wenn sie an die Aufführung dachte.

Ihr dunkelrotes Feenkind-Kostüm wurde wie alle anderen Kostüme auch in den Ateliers der Dominick-Truppe genäht. Als sie es zum ersten Mal anhatte, war sie begeistert. Es saß nicht nur wie angegossen, sondern paßte auch wunderbar zu ihrem Teint und ihren dunklen Haaren, die mit einem scharlachroten Band im Nacken zusammengebunden waren. Auch die anderen Kostüme waren kleine Wunderwerke aus hauchdünner Gaze, die in tausend Funken glitzerte.

Nur das Wetter machte ihnen jetzt Sorgen. Am Montag vor der Generalprobe heulte ein eiskalter Nordwind und trieb dichte Wolken über die Hügel. Am Nachmittag lag ganz Chalk Green unter einer kompakten Schneedecke.

„Was machen wir bloß, wenn wir eingeschneit sind?“ fragte sich jeder, aber Miss O'Donnell meinte beruhigend: „Keine Angst, wir werden es schon irgendwie schaffen. Wenn der Bus wirklich nicht mehr durchkommt, müssen wir eben bis Saunderton zu Fuß gehen und dort den Zug nehmen. Aber so schlimm wird's schon nicht werden."

„Ich würde sogar bis nach London zu Fuß gehen, wenn es sein muß", meinte Cindy im Brustton der Überzeugung.

Miss O'Donnell mußte lachen. „Ich weiß nur nicht", gab sie zu bedenken, „ob du nach so einem Gewaltmarsch noch ordentlich tanzen könntest."

Am Dienstag hörte es endlich zu schneien auf, der Wind legte sich, und helles Sonnenlicht lag auf der weißen Landschaft. Alles drängte nach dem Unterricht ins Freie. Die Jüngeren bauten vor dem Eingang einen riesigen Schneemann und lieferten sich wilde Schneeballschlachten. Die fünf von Ivory packten sich dick ein und machten wie immer ihren Spaziergang durch die weite, verschneite Landschaft. Petruschka begleitete sie. Aufgeregt und noch munterer als sonst sprang er neben ihnen her, biß immer wieder mitten in den Schnee und schüttelte sich dann. Alle lachten sich über sein albernes Verhalten tot. Aber es war schließlich der erste Schnee seines Lebens! Als die Sonne groß und feuerrot am Horizont unterging, machten sie sich wieder auf den Heimweg. Ihre Gesichter glühten in der Kälte, und jeder ihrer Schritte machte ein leise knirschendes Geräusch.

„Wenn das Frühjahr kommt", sagte Cindy zu Rose, „blühen hier überall Schneeglöckchen." Sie deutete auf die Hügel ringsum.

„Aber du bist dann nicht mehr bei mir", antwortete Rose traurig und machte einen Knoten in ihren Schal.

„Die ganze Woche sind wir doch noch zusammen", tröstete Cindy sie, „und bei der Generalprobe auch und dann bei der Matinee am Samstag. Ich halt's vor Aufregung bald nicht mehr aus!"

So landete in diesen Tagen jedes Gespräch, egal worüber, immer wieder beim gleichen Thema: der bevorstehenden Aufführung. Niemand konnte an irgend etwas anderes denken.

Am Freitag zog sich der Himmel plötzlich wieder zu, und es fing zu schneien an. Ängstlich schaute alles durch das dichte Flockentreiben zur Auffahrt hinaus. Plötzlich ertönte ein vielstimmiger, erleichterter Aufschrei, als sie endlich den dunklen Bus erkennen konnten, der langsam durch das Schneegestöber näher kam. Die Straßen waren geräumt worden, und als sie die kleinen Landwege hinter sich hatten, ging es ohne Schwierigkeiten weiter und bis nach London. In der Stadt sah es völlig anders aus. Auf den Straßen lag fast überhaupt kein Schnee, nur ein knöcheltiefer, brauner Matsch spritzte unter den Autoreifen zur Seite. Es war richtig eklig. „Ich komm' mir vor wie ein Star", kicherte Brownie, als sie am Hintereingang des Dominick-Theaters ankamen und ausstiegen. Cindy war glücklich, den vertrauten Duft der Bühne wiederzufinden. Noch viel aufregender fand sie es aber, daß man ihnen zum Umziehen die Garderoben der großen Ballett-Stars gegeben hatte – Brownie lag gar nicht so falsch. Cindy teilte sich ihren Raum mit Marita, die die Selina tanzte. Ihr Maskottchen Tommi bekam seinen Ehrenplatz vor dem beleuchteten Schminkspiegel.

„Was sagst du dazu?" schwärmte sie, als Rose, bevor die Probe begann, zu einem kurzen Besuch zu ihr hereinkam. „Eine richtige Garderobe!

Sogar im Dominick-Theater! Ist das nicht toll!“ Sie band die Bänder an ihren Spitzenschuhen zu.

„Unheimlich!“ stimmte Rose begeistert zu. „Wir haben sogar Catherine Colbys Garderobe, stell dir vor! Was sagst du dazu?“

„Phantastisch! Heute und morgen können wir uns wie richtige Ballettgrößen vorkommen, findest du nicht?“

Rose nickte ihr zu und ging mit hoch erhobenem Kopf und betont gezierten Schritten aus dem Raum. Unter der Tür drehte sie sich langsam nach Cindy um, und die Freundinnen brachen in lautes Lachen aus.

Die Generalprobe verlief dann mit den üblichen kleinen Pannen aus Anspannung und Nervosität. Miss Selswick korrigierte hier und dort noch ein Detail an den verschiedenen Tänzen, aber das ging ohne längere Pausen und Unterbrechungen vor sich. Cindy war überglücklich, endlich stand sie auf der Bühne des Dominick-Theaters! Es war wie im Traum. Sie tanzte hingegeben und ohne einen einzigen Fehler. Auch der abschließende Pas de trois mit Marita und Jan klappte ohne Schwierigkeiten und in tadelloser Harmonie. Beim letzten Ton der Musik schlug Jan Cindy anerkennend auf die Schulter und flüsterte ihr zu: „Du bringst es mal zu was!“ Cindy strahlte ihn nur schweigend an.

Auch auf der Rückfahrt im Bus sagte sie nicht mehr viel, sondern schaute zum Fenster hinaus in den Himmel, der sich schon wieder mit dichten Wolken füllte. Es begann wieder zu schneien. Wenn jetzt bloß nicht wieder was dazwischenkommt, dachte sie im stillen. Aber sie fühlte sich großartig, gesund und auf der Höhe ihres Könnens. Diesmal würde sie bestimmt keinen Mumps kriegen!

„Schnee im Winter“, sagte Rose neben ihr, und ihrer Stimme war die Unruhe anzuhören, „das ist ja ganz in Ordnung. Aber was zu viel ist, ist zu viel. Wenn er morgen früh bis an die Fenster liegt, dann schauen wir ganz schön alt aus.“ Besorgt starrte sie in die Dunkelheit.

„Ich darf gar nicht dran denken!“ sagte Cindy aus ihrer Ecke.

Emilia beugte sich zu ihnen vor. „Warum sprecht ihr zwei nicht ganz schnell von was anderem?“ sagte sie mit solchem Ernst, daß Rose und Cindy fast lachen mußten. Sie war nämlich abergläubisch.

„Das wird schon gutgehen“, beruhigte Cindy sie.

Am anderen Morgen vor dem Frühstück wollte sie aber als erstes wissen, wie es draußen aussah, und rannte hinaus. Es hatte offensichtlich die ganze Nacht weitergeschneit, aber im Moment fiel immerhin kein Schnee mehr. Tief und grau hingen die Wolken aber noch über dem Tal, und ein kalter Nebel bedeckte die weißen Flächen. Cindy kam das alles so erschreckend vor, daß sie nur eine Tasse Tee und sonst überhaupt nichts runterbekam. Einen Augenblick lang glaubte sie, einen triumphierenden Blick von Christine am Nebentisch aufzufangen, die wohl schon überzeugt war, daß die ganze Aufführung ausfallen mußte.

Ich bin nur ein bißchen nervös, sprach sie sich selber Mut zu, und ich werde mich jetzt doch nicht von jemandem wie Christine noch durcheinanderbringen lassen!

Cindys Sachen waren schon gepackt, ihre warmen Stiefel hatte sie angezogen, ihr rotes Kostüm wartete im Theater auf sie, Tommi hielt sie in der Hand – jetzt konnte sie, wie alle anderen, nur noch warten. Irgendwann müßte der Bus mühsam den Weg heraufkriechen, und dann ging es los. Doch die Warterei am Fenster wurde ihr bald zu dumm. Irgendwann ging sie noch einmal hinaus, um nach Petruschka zu sehen. Aber er war nicht in der Halle, nicht in der Bibliothek, er war überhaupt nirgends zu sehen. Cindy lief zum Haus des Gärtners hinüber, der sie mit einem kräftigen Händedruck begrüßte. „Ist Petruschka bei Ihnen?“ fragte sie ihn.

„Nein, Cindy“, schüttelte er den Kopf und fuhr verlegen fort: „Eigentlich hab’ ich ihn seit gestern nachmittag nicht mehr gesehen. Da ist er wohl wieder mal Hasen jagen gegangen im Wald. Und am Abend ist er nicht zurückgekommen, wo er doch sonst immer so gern da am Kamin schläft in seiner Ecke. Ich hab’ mir weiter keine Gedanken gemacht deshalb. Ich dachte, er ist vielleicht oben in der Schule.“

„Aber wir sind doch erst spät aus London zurückgekommen gestern“, erklärte Cindy, „wir haben zu Abend gegessen und sind gleich ins Bett. Ich hab’ auch nicht mehr an ihn gedacht. Aber jetzt mach’ ich mir doch Sorgen. Glauben Sie, er war die ganze Nacht da draußen, bei der Kälte?“ Sie schaute besorgt.

„Wenn ich das wüßte“, antwortete er unschlüssig.

„Und wenn er sich jetzt verlaufen hat und nicht mehr heimfindet?“ fragte Cindy beunruhigt. Sie rieb ihre klammen Finger aneinander.

„Also, das glaube ich nicht“, sagte er, „er ist ein geborener Jagdhund, auch wenn er noch so jung ist. Vielleicht hat er im Gewächshaus geschlafen oder im Stall oder –“

„Wenn er nicht in eine Hasenfalle gelaufen ist“, sagte Cindy mit Grabesstimme und machte sich auf die

Suche. Sie rannte laut Petruschkas Namen rufend durch alle Nebengebäude, durch die Pferdeställe, zurück ins Haus, durch alle Stockwerke – nichts. Sie fragte jeden, der ihr begegnete. Aber niemand hatte Petruschka gesehen.

„Das kommt davon, wenn man hundert Frauchen hat“, warf Cindy sich vor, „da verläßt sich eine auf die andere! Wo ist er bloß?“

Und schon rannte sie los, ohne irgend jemand Bescheid zu sagen. Viel Zeit blieb ihr nicht, denn jede Minute konnte schon der Bus ankommen, der wegen der winterglatten Straßen bestimmt keine verspätete Abfahrt riskieren würde. Mühselig suchte sie sich einen Weg durch den tiefen Neuschnee zu dem kleinen Wald, in dem Petruschka immer am liebsten herumstromerte.

„Wenn ich ihn in zehn Minuten nicht gefunden habe“, nahm sie sich vor, „geb' ich's auf. Vielleicht kann ihn dann Karin suchen gehen, wenn wir weg sind. Und am Ende schläft er sogar friedlich irgendwo im Haus, in einer Ecke versteckt. Oder er war die Nacht über im Stall und ist am Morgen schon wieder abgehauen.“ Immer weiter und höher ging sie in den Wald hinein. Von Zeit zu Zeit blieb sie stehen und rief laut „Petruschka!“ Aber kein fröhliches Bellen antwortete ihr. Kein Laut war zu hören. Die völlige Stille wurde ihr fast unheimlich.

Während sie so, immer wieder nach Petruschka rufend, den verschneiten Waldweg weiterging, dachte sie doch unaufhörlich an die bevorstehende Aufführung im Dominick-Theater. In ein paar Stunden sollte sie beginnen. Dann nahmen die Zuschauer ihre Plätze ein, der Vorhang hob sich, und für kurze Zeit gab es nur noch eine Wirklichkeit: die Bühne. Vielleicht nur ein kurzer Auftritt, aber sie jedenfalls wollte daraus ein kleines Kunstwerk machen. Dann senkte sich der Vorhang, die Zuschauer gingen wieder heim, der normale Alltag nahm sie wieder gefangen, das Theater war vergessen. Und das war schon wieder alles? Nein, gab sie sich selbst zur Antwort, denn wenn ich gut war, werden sich die Menschen gern daran erinnern, daß sie für kurze Zeit etwas Schönes gesehen haben. Und dafür lohnt es sich, daß ich immer besser werde.

In solche Überlegungen vertieft hatte sie gar nicht bemerkt, daß sie den Weg verlassen hatte und weiter in das dichte Gehölz geraten war. Hier hing der eisige Nebel dick und grau fast bis auf den Boden herunter, dazu war es dunkel unter den Bäumen, und sie konnte nur noch ein paar Schritte weit sehen. Plötzlich bemerkte sie weiße Flecken an ihrem Ärmel: Es hatte wieder zu schneien angefangen, dicht und lautlos fielen die weißen Flocken. Und von Petruschka weit und breit keine Spur. Wurde es nicht langsam Zeit, zum Internat zurückzukehren?

Wieder und wieder rief sie laut, aber der Nebel um sie herum war undurchdringlich, und der Hund hätte sie nicht einmal dann gehört, wenn er in der Nähe gewesen wäre. Die Mädchenstimme klang hilflos und verloren durch den tief verschneiten Wald. Was sollte sie bloß machen? Sie hätte vor Kälte und Verzweiflung losheulen können.

Aber gerade in dem Augenblick, in dem sie ihre erfolglose Suche aufgeben wollte, hörte sie ein leises Bellen. Sie hob den Kopf und lauschte. Da hörte sie es noch einmal. „Petruschka!“ schrie sie laut, „wo bist du denn?“

Vor sich zwischen den Bäumen, fast unsichtbar in Nebel und Schneegestöber, konnte sie die Umrisse eines kleinen Schuppens erkennen, den im Sommer die Holzfäller benutzten. Verzweifelt stolperte sie durch den tiefen Schnee darauf zu. Erst als sie kurz davorstand, sah sie im Eingang den kleinen Hund, der sie mit freudigem Schwanzwedeln begrüßte. Er zitterte in der Kälte am ganzen Körper, aber immer wieder sprang er vor Wiedersehensfreude an ihr hoch und bellte, daß der ganze Wald widerhallte.

Cindy beugte sich erleichtert zu ihm hinunter und drückte ihn fest an sich. „Petruschka! Wo treibst du dich denn herum hier draußen? Ich hatte solche Angst um dich, du wärst vielleicht in einer Hasenfalle gefangen und hättest dir alle Beine gebrochen! Hast dich also doch verlaufen beim Jagen und bist dann da drin eingeschlafen. Du bist mir vielleicht ein Jäger! Jetzt bist du wahrscheinlich müde und hungrig, nicht einmal zu trinken hast du gekriegt. Komm, jetzt gehn wir nach Haus, ich geb' dir noch schnell frisches Wasser, und dann muß ich nach London ins Theater. So, laß dich anleinen, sonst verläufst du dich gleich wieder." Sie hakte den Karabiner am Halsband ein.

Petruschka bellte noch einmal laut, als wollte er ihr antworten, dann marschierten sie los. Cindy bemerkte mit wachsender Unruhe, daß die Schneeflocken jetzt immer dichter fielen. Es war nicht leicht, den Rückweg zu finden. Die Bäume sahen im Nebel alle gleich aus, es war auch dunkler geworden, und der Schnee fiel ihr kalt und naß auf die Haare. Plötzlich blieb Petruschka einfach im Schnee sitzen und wollte nicht mehr weiterlaufen. „Wuff!" machte er, laut und protestierend.

Cindy schaute ihn an. „Was hast du denn?" rief sie

ihm ungeduldig zu. „Jetzt komm doch! Hier entlang geht's nach Hause, du kannst sogar noch meine Fußstapfen sehen, auch wenn es inzwischen draufgeschneit hat." Unwillig erhob er sich wieder und trottete ihr nach, aber so langsam, daß Cindy ihn am Ende lieber auf den Arm nahm. Sie wickelte ihn ein wenig in ihren Mantel und marschierte weiter. Angestrengt versuchte sie, ihre Spuren wiederzufinden. Aber je weiter sie kam, um so schwerer waren sie zu entdecken. Schließlich sah sie gar nichts mehr, denn unter dem neugefallenen Schnee waren ihre Fußspuren völlig verschwunden. Aufs Geratewohl ging sie weiter in der Hoffnung, irgendwann wieder auf den Waldweg zu stoßen, der aus dem Wald hinausführte. Aber statt dessen stolperte sie im tiefen Schnee nur über versteckte Baumwurzeln und Steine, bis sie schließlich vollends ausrutschte und im Fallen fast noch Petruschka erdrückt hätte. Vor Angst und plötzlichem Schrecken schrie sie auf.

„So geht das nicht weiter!" sagte sie, als sie sich wieder aufgerappelt hatte. „Ich brech' mir bloß noch ein Bein! Petruschka, kannst du nicht den Weg nach Hause finden? Du mußt dich hier doch auskennen, wenn du schon den ganzen Tag draußen herumläufst!"

Aber offenbar sah auch für Petruschka im Schnee jeder Baum gleich aus. Er sprang mal ein paar Schritte nach links, mal nach rechts, dann im Kreis um Cindy herum, und bei jedem Sprung verschwand er fast ganz im Tiefschnee.

„Also gut! Ich werd' den Weg schon alleine finden!" rief sie ihm zu. „Aber ich kann dich nicht mehr tragen, du bist mir allmählich zu schwer."

Wieder stapfte sie los, ungefähr in die Richtung, in

der sie den Waldweg vermutete. Immerhin ging es abwärts, das konnte nicht ganz falsch sein, weil sie ja die ganze Zeit vorher immer bergauf gegangen war. Vielleicht traf sie ja bald wieder auf den Weg.

Aber langsam bekam sie doch Angst, sie würde aus diesem Wald nie mehr herausfinden. Es hatte gar keinen Zweck, irgend etwas wiedererkennen zu wollen. Sie sah immer nur das gleiche Bild vor sich: kahle Bäume, Nebel und die unablässig fallenden Schneeflocken, die ihr ins Gesicht wehten. Sie wußte überhaupt nicht mehr, wo sie war, nicht einmal, ob sie wenigstens ungefähr in Richtung Internat durch den Wald marschierte. Es kam ihr vor, als ginge sie im Kreis herum. Neben sich hörte sie mit einemmal Petruschka quieken. Er war in eine tiefe Schneeverwehung geraten, aus der er nicht mehr herausfand. Cindy blieb nichts anderes übrig, als ihn wieder auf den Arm zu nehmen und zu tragen. Aber mit dem schweren Tier auf dem Arm konnte sie kaum noch sehen, wohin sie trat, und hatte bei jedem Schritt Angst, wieder hinzufallen. Als vor ihr ein Haselnußstrauch aus dem Nebel auftauchte, unter dem sie vor dem fallenden Schnee ein wenig geschützt war, setzte sie Petruschka ab und versuchte, ihre wilden Gedanken zu beruhigen.

„Es ist doch einfach lächerlich", sagte sie halb ärgerlich zu sich, „daß ich mich hier verlaufen soll. Hundertmal bin ich hier mit Rose und den andern spazierengegangen, von einem Ende zum andern, monatelang. Also, keine Panik! Irgendwo geht es aus diesen Bäumen wieder heraus. Wahrscheinlich ist das Internat sogar schon ganz in der Nähe. Wenn ich jetzt in dieser Richtung weitergehe, muß ich irgendwann auf den Weg treffen. Also los!"

Petruschka war währenddessen schon wieder im Schnee verschwunden. Sie hob den zitternden Hund hoch und ging weiter. Aber sie hatte nicht bedacht, daß sie von dem Marsch im Schnee nun auch selbst müde geworden war. Petruschka schien mit jedem Schritt immer schwerer zu werden. Wieder setzte sie ihn ab, lehnte sich an einen Baumstamm und atmete tief durch.

Sie durfte sich einfach nicht verlaufen! Nicht an diesem Tag, nicht wenn sie im Dominick-Theater tanzen sollte! Sie mußte diesen Bus erreichen!

Und doch verließ Cindy langsam der Mut. Vielleicht ist es mein Schicksal, daß ich niemals das Feenkind tanzen werde, dachte sie düster. Das erste Mal bin ich im letzten Moment krank geworden, und dieses Mal stecke ich im Schnee fest. „Das gibt's doch gar nicht", rief sie wütend aus.

So mutlos und verloren, wie sie in diesem Augenblick war, hätte Chalk Green Manor auch gleich hinter dem nächsten Baum liegen können: Sie hatte fast nicht mehr die Kraft, auch nur ein paar Schritte weiterzugehen. Wenn wenigstens Petruschka nicht auch noch so hilflos gewesen wäre! „Warum versuchst du nicht wenigstens den Weg zu finden, Petruschka?" bat sie ihn verzweifelt. „Nur ein bißchen. Na los!"

Und sie gab ihm einen kleinen Schubs in die Richtung, in der sie das Internat vermutete. Aber Petruschka trottete erschöpft nur ein paar Schritte, drehte dann um, setzte sich hin und ließ die Zunge heraushängen. „Du bist wirklich zu nichts zu gebrauchen. Dumm wie Bohnenstroh!" schimpfte Cindy vor sich hin. Der Bus war inzwischen bestimmt längst ohne sie abgefahren. Einen letzten Versuch wollte sie aber noch unternehmen. Sie raffte sich auf und kämpfte sich zehn Minuten weiter durch den dichten Wald, während ihr nun doch die Tränen in die Augen kamen vor Kälte und Verzweiflung. Aber sie hatte jeden Richtungssinn verloren und irrte tatsächlich nur noch im Kreis herum, denn plötzlich kam sie wieder zu dem Baum zurück, an dem sie sich eben noch ausgeruht hatte. Als sie sah, wo sie war, überkam sie eine tiefe Erschöpfung. Im Schneegestöber konnte sie kaum noch die Augen offenhalten, die Haare hingen ihr in feuchten Strähnen ins Gesicht, und ihre Handschuhe, Hose und Mütze waren klatschnaß. In ihren Stiefeln hatten sich Schneeklumpen gefangen und schmolzen in kleinen Bächen bis zu den Zehen hinunter. Die eisige Kälte kroch ihr unter die Haut. Jetzt schrie sie laut um Hilfe, bis sie fast heiser wurde. Aber niemand hörte sie, und niemand antwortete ihr.

Hilflos hockte sie sich hin und lehnte sich an den Baum. Alles umsonst! „Das Feenkind" im Dominick-Theater würde ohne sie aufgeführt werden, ihre große Chance war vertan. Noch nie hatte sie sich so verlassen gefühlt. Verzweifelt schlug sie die kalten Handschuhe vors Gesicht und fing hilflos zu schluchzen an.

Der erste Erfolg

Cindy wußte nicht mehr, wie lange sie schon so dahockte, völlig erschöpft und todunglücklich. Am liebsten hätte sie sich einfach in den tiefen Schnee fallen lassen. Aber sie hatte diese schrecklichen Geschichten gelesen von Leuten, die ihrer Erschöpfung nachgaben, im Schnee einschliefen und nicht wieder aufwachten.

Panik stieg in ihr hoch, und so rappelte sie sich schnell wieder auf, biß die Zähne zusammen und kämpfte sich durch den Schnee vorwärts. Mal trug sie Petruschka, mal ließ sie ihn selber laufen, weil er ihr zu schwer wurde. „Ich darf mich jetzt bloß nicht ausruhen“, sagte sie sich immer wieder laut vor.

Sie war sich mittlerweile sicher, daß der Bus längst abgefahren war. Bei so schlechtem Wetter durfte der Fahrer die Abfahrt nicht zu lange hinauszögern, sonst kam er noch zu spät in London an. Geplant war nur ein kurzer Aufenthalt in der Schulkantine, dann ging es gleich weiter ins Theater, zum Umziehen und Schminken in die Garderobe und dann auf die Bühne. Wenn das „Feenkind“ doch wenigstens erst nach der Pause dran wäre! Dann könnte der Bus vielleicht noch ein bißchen auf sie warten. Oder wenn überhaupt die ganze Aufführung später am Nachmittag wäre! Oder wenn …

Derartig in immer wildere Vorstellungen versponnen, bemerkte Cindy gar nicht, daß der Boden unter ihr steiler abfiel. Ihr letzter Schritt ging plötzlich ins Leere, sie fiel hin und rutschte haltlos zwischen Büschen und Bäumen eine Böschung hinunter. Petruschka kollerte einfach durch den Schnee hinter ihr her. Abrupt endete die Rutschpartie, und Cindy saß auf einer harten, glatten Schneedecke. Das erste, was sie neben sich auf dem Boden sah, waren Abdrücke von Autoreifen im Schnee! Sie brauchte einige Zeit, bis sie begriff, wo sie war: auf der Straße, die von Chalk Green nach London führte. Neben ihr war auch Petruschka angekommen. Sie machte ihn vor der Leine los, und er lief, vom Tiefschnee nicht mehr behindert, fröhlich auf der Straße herum.

In diesem Augenblick hörte Cindy ein tiefes Brummen. Gleich darauf tauchte im grauen Schneetreiben ein dunkler Schatten vor ihr auf, der langsam immer näher kam. Plötzlich schrie Cindy auf: „Der Bus! Der Bus!“ Sie sprang auf und packte den herumlaufenden Petruschka. Schlingernd bremste der Bus auf dem rutschigen Schnee und hielt kurz vor ihr an.

Ein Seitenfenster wurde heruntergekurbelt, der Fahrer steckte den Kopf heraus und fing schon zu schimpfen an, aber mittendrin erkannte er an Cindys Schuluniform, daß er hier wahrscheinlich die Schülerin vor sich hatte, deretwegen er so lange vor dem Internat hatte warten müssen.

„Wolltest du vielleicht zu Fuß nach London?“ sagte er gutmütig und öffnete die Wagentür. Miss O’Donnell stieg aus und kam auf Cindy zu. „Cindy! Na, Gott sei Dank!“ rief sie. „Wir haben uns deinetwegen ganz wahnsinnig aufgeregt. In Chalk Green ist schon ein Suchtrupp nach dir unterwegs. Wo hast du denn nur gesteckt?“

„Es war doch nur wegen Petruschka“, erklärte sie mit Tränen in den Augen, „und dann hab’ ich mich im Wald verlaufen, und Petruschka hat auch nicht mehr heimgefunden, und ich dachte schon, es ist alles aus, und ...

„Jetzt steig erst mal ein mit deinem Hund“, sagte Miss O’Donnell energisch und schob sie in den Bus, „das kannst du mir ja alles drinnen erzählen.“

Cindy fühlte sich zwar noch immer ziemlich komisch, und die Knie zitterten ihr noch, aber jetzt war alles gut. Sie hatte es doch noch geschafft. Drinnen begrüßten ihre Freundinnen sie laut und aufgeregt.

„Ich war ganz sicher, daß du es noch schaffen würdest“, sagte Rose und strahlte sie erleichtert an, „drum hab’ ich auch deine Tasche gleich mitgenommen. Was war denn bloß?“

„Ich mußte doch Petruschka suchen“, berichtete Cindy, „und dann fing es wieder zu schneien an, und wir haben beide nicht mehr zurückgefunden. Wir sind immer nur im Kreis rumgelaufen. Es war fürchterlich! Und dann bin ich einen Abhang runtergerutscht, direkt vor den Bus!“

Miss O’Donnell kam nach hinten zu ihnen und fragte besorgt: „Hast du dir was getan? Geht’s dir einigermaßen?“

„Na klar! Ich bin nur ziemlich naß geworden“, antwortete Cindy, „und ich finde es toll, daß Petruschka auch dabei ist, wo er doch unser Maskottchen ist.“

„Auf die Bühne kann er allerdings nicht mit“, meinte Miss O’Donnell lachend, „er wird in deiner Garderobe warten müssen.“

Rose nahm ein Handtuch aus ihrem Gepäck und trocknete den Hund vorsichtig ab. Wohlig schüttelte sich Petruschka und ringelte sich auf einem Sitz zusammen. Rose deckte ihn zu.

„Und jetzt kümmern wir uns mal um dich, Cindy“, ordnete Miss O’Donnell energisch an, „du ziehst erst mal diesen Mantel aus und deine Stiefel und am besten gleich deine Strumpfhose auch. Das hängen wir alles zum Trocknen auf. Und dann mußt du dir sofort die Haare abtrocknen. Ich möchte nicht, daß du dich jetzt noch erkältest. Ich geb’ dir auch gleich heißen Kaffee aus der Thermosflasche.“

Cindy zog die nassen Kleider aus und wickelte sich in eine warme Wolldecke, die ihr Miss O’Donnell gab.

Der dampfende Kaffee weckte ihre Lebensgeister wieder und tat ihr richtig wohl im Bauch. Im nächsten Dorf hielt der Bus an einer Telefonzelle, und Miss O'Donnell rief in Chalk Green an, daß sie Cindy gefunden hatten und die Suche nach ihr abgeblasen werden konnte.

Es gab nur eine im Bus, die sich nicht freute, Cindy wiederzusehen. Schon als sie einstieg, war ihr das finstere Gesicht von Christine aufgefallen, obwohl sie da von ihrem Herumirren im Schnee noch ganz durcheinander war. Alle anderen aber waren ganz aus dem Häuschen vor Freude über ihr unerwartetes Auftauchen und belagerten Cindys Sitz.

„Ich hatte ja solche Angst um dich", sagte Rose, „ich hab' dich gesucht, und dann hat mir der Gärtner gesagt, daß du nach Petruschka gefragt hast, und da ahnte ich schon, was los war. Trotzdem hab' ich deine Tasche mitgenommen und hab' dem Fahrer gesagt, er muß unbedingt auf dich warten."

„Na, jetzt ist ja alles in Ordnung", sagte Cindy zufrieden. Allmählich wurde ihr wieder richtig warm unter der Decke, und die schrecklichen Erlebnisse im Wald erschienen ihr wie ein Traum.

Während der Fahrt döste sie ein und wachte erfrischt und guter Dinge wieder auf, als sie am Red Lion Square ankamen.

Ab da lief ihnen beinahe die Zeit davon. In der Kantine bekamen sie in aller Eile eine Suppe und ein paar belegte Brötchen, gleich danach wurden sie ins Theater gebracht. Auch in London schneite es, aber nur ein bißchen, und die Straßen waren fast trocken. Durch einen schneidenden Wind rannten sie vom Bus zum Bühneneingang.

„Ich kann's gar nicht fassen, daß ich tatsächlich hier bin", rief Cindy, als sie in ihre Garderobe stürmte.

Rose hatte Petruschka an der Leine und kam mit ihm nach.

„Hast du eigentlich gar keine Angst?" fragte sie aufgeregt. „Stell dir vor, das Theater ist komplett ausverkauft. Sicher sind die meisten bloß unsere Eltern und Freunde, aber auch eine Menge normale Zuschauer sind da. Und garantiert sind auch welche von der Zeitung darunter, Kritiker und so."

„Jetzt, wo es ernst wird, hab' ich eigentlich kein Lampenfieber mehr", sagte Cindy ruhig. „Ich hoffe nur, daß Jenny und ihre Mutter trotz des schlechten Wetters gekommen sind. Bestimmt ist Miss Whiteway da. Nur schade, daß meine Großeltern mich nicht sehen können, ich hätte es mir so gewünscht. Tja, aber da kann man nun mal nichts machen." Damit ging sie zum Schrank und holte ihr Kostüm heraus.

„Es steht dir wirklich toll", sagte Rose bewundernd. Dann war es aber auch für sie Zeit, sich umziehen zu gehen, weil sie sich noch auf der Bühne eintanzen mußten.

Ein ganzes Jahr war vergangen, seit Cindy zum letzten Mal hinter der Bühne gestanden hatte. Hier fühlte sie sich in ihrem Element. Auch wenn es dieses Mal nur eine Schulaufführung war, ging es zu wie in einem richtigen Theater: Die Bühnenarbeiter rannten noch geschäftig hin und her, die Beleuchtung wurde noch einmal überprüft, es roch kalt nach Staub und Schminke, und schon wurden die Tänzerinnen und Tänzer zum Eintanzen auf die Bühne gerufen. In wenigen Minuten begann die Aufführung. Die Musiker nahmen ihre Plätze im Orchestergraben ein. Die

Reihen der Zuschauer füllten sich, die Türen schlossen sich lautlos, das Licht im Saal ging langsam aus, und die ersten Töne der Ballettmusik erklangen. Mit leisem Rauschen öffnete sich der Vorhang und gab den Blick frei auf den fröhlichen Tanz der Holzfällerkinder auf der Waldlichtung.

Vom ersten Augenblick an lief die Vorstellung wie am Schnürchen. Alles fügte sich zu vollkommener Harmonie zusammen: die märchenhafte Handlung, die bezaubernde Musik, das Bühnenbild, die sanften Farben der Kostüme und die Tänze. Cindy vergaß alles andere um sich herum. Wie immer, wenn sie auf einer Bühne tanzte, gab es nur diese Wirklichkeit für sie. Die Waldlichtung war nun diese Welt, und sie hatte sich vollständig in das Feenkind verwandelt. In ihrem scharlachroten Kostüm sah sie so zart und elfenhaft aus, daß die Zuschauer gleich von der Illusion gefangengenommen wurden. Schon nach ihrem ersten Tanz wurde sie begeistert beklatscht.

„Die Kleine ist ganz hervorragend", sagte Madame Volonaise in ihrer Loge zu Igor Dominick. „Sie wächst allmählich zu einer richtigen Persönlichkeit heran. Ich finde, man spürt es schon, wenn sie auf die Bühne kommt." Sie beugte sich etwas vor.

„Und außerdem sieht sie gut aus", fügte Igor Dominick hinzu, „so gut, wie sie tanzt. Sie erinnert mich an irgend jemand, ich komm' nur nicht drauf, an wen." Er runzelte die Stirn.

„Seltsam, daß Sie das sagen", erwiderte Madame Volonaise, „mir geht es manchmal ganz genauso."

Sie wären wahrscheinlich erschrocken, wenn ihnen klargeworden wäre, daß Cindy sie an die große Elizabeth Ivory erinnerte. Dabei sahen die beiden völlig verschieden aus. Cindy hatte das südländische Aussehen ihres Vaters geerbt und nicht die roten Haare und die grünen Augen ihrer Mutter. Aber das war es auch nicht. Vielmehr erinnerten Cindys mühelose Bewegungen, der graziöse Charakter ihres Tanzes und ihre ganze Ausstrahlung an ihre Mutter. Mehr als zwölf Jahre war es nun schon her, daß Elizabeth Ivory ihren letzten Tanz auf dieser Bühne gegeben hatte – wenige Stunden später war sie tot.

Cindy, die gerade in den Kulissen auf ihren nächsten Auftritt wartete, konnte nicht ahnen, daß da oben in der Loge über sie gesprochen wurde. Aber auch sie dachte an ihre Mutter und ihre großen Triumphe auf dieser Bühne. Als das Feenkind mit seinen Menschen-Geschwistern in der nächsten Szene wieder auftrat, tanzte sie noch ausdrucksvoller und bewegte sich noch sicherer und lebendiger als vorher.

In der furiosen Schlußszene mit Jan und Marita eroberten sich alle drei die Herzen der Zuschauer. Mit den letzten Takten der Musik schloß sich der weite Vorhang vor dem Zauberwald, und das Publikum brach in rauschenden Beifall aus. Nachdem das ganze Ensemble ausführlich gefeiert worden war, bekamen Cindy, Jan und Marita allein noch mehrere Vorhänge. Hand in Hand verbeugten sie sich, erschöpft und überglücklich. Und noch immer applaudierten die Zuschauer.

Da stand plötzlich Miss Selswick hinter ihr, flüsterte ihr zu: „Jetzt du allein, Cindy!“ und schob sie bereits zum Vorhang hinaus. Lächelnd verbeugte sie sich, und als ihr ein kleiner Blumenstrauß zugeworfen wurde und vor ihren Füßen landete, kam sie sich wie eine echte Ballerina vor und nicht mehr nur wie eine Ballettschülerin. Vor Glück und Aufregung stiegen ihr die Tränen in die Augen, verlegen eilte sie hinter den Vorhang zurück.

Als sie in den Gang zwischen den Kulissen einbog, hatten die anderen die Bühne schon verlassen. Da hörte sie hinter sich Schritte. Sie drehte sich um und sah, daß es Jan war.

„Ich wollte gerade zu dir", sprach er sie an, als er bei ihr stand, „ich muß dir unbedingt sagen, wie toll du warst. Der letzte Beifall war echt für dich allein! Du hast aber auch super getanzt!"

„Oh, Jan!" rief sie, noch ganz überwältigt von ihrem Glücksgefühl. Sie konnte nicht weitersprechen, statt dessen fiel sie ihm einfach um den Hals. Ein wenig überrascht schloß er sie in die Arme und streichelte ihr liebevoll übers Haar.

„Cindy", murmelte er an ihrem Ohr, „ich find' dich toll!"

Sie hob den Kopf und sah ihm fragend in die Augen. Er hatte einen Ausdruck im Gesicht, den sie nicht an ihm kannte. Sanft nahm er sie etwas fester in die Arme, zog sie an sich und küßte sie zärtlich auf den Mund.

Cindy zitterten die Knie, und ein Schauer lief ihr über den Rücken. Sie wußte nicht, wie ihr geschah. Verwirrt ließ sie den Kopf an seine Schulter sinken und schloß die Augen.

„Cindy! Cindy! Wo steckst du denn?" rief jemand aus dem Garderobengang. Es war Rose auf der Suche nach ihrer Freundin.

Cindy löste sich aus Jans Umarmung, und gleich darauf erschien Rose in den Kulissen.

„Da bist du ja", rief sie, „oh – hallo, Jan! Herzlichen Glückwunsch zu deinem Auftritt!"

„Danke, Rose!“ sagte Jan zögernd.

„Du mußt unbedingt in deine Garderobe, Cindy. Du hast Besuch“, drängte Rose.

Cindy warf Jan einen langen Blick zu. Sie spürte, wie eine große Freude in ihr aufstieg, und lächelte ihn an. Dann drehte sie sich um und ging. Jan blieb stehen und sah ihr nach.

„Was ist denn so Dringendes?“ fragte Cindy auf dem Weg.

„Das rätst du nie“, tat Rose geheimnisvoll, „und ich verrat's dir auch nicht. Wirst schon sehen!“ Sie machte eine ganz wichtige Miene.

„Jetzt mach mir doch nicht Angst, Rose!“ bat Cindy.

„Nein, nein“, beschwichtigte Rose sie, „komm nur mit!“ An der Garderobe angekommen, ging Rose voraus, drückte die Klinke nieder, riß die Tür auf – und da standen Mr. und Mrs. Chester!

Das Ende der „Verbannung“

Cindy stieß einen Freudenschrei aus, als sie ihre Großeltern erblickte, lief auf sie zu und umarmte sie beide auf einmal.

„Das hast du sehr gut gemacht“, lobte Mrs. Chester sie in ihrer trockenen Art, „und wir sind unglaublich stolz auf dich.“

„Ehrlich? Hat's euch gefallen?“ fragte Cindy. „Ist es nicht toll, daß ich dieses Mal das Feenkind auch wirklich tanzen konnte? Das war ja echt blöd mit dem Mumps damals!“

„Ich freu' mich für dich", strahlte Mr. Chester übers ganze Gesicht, „du hast wunderschön getanzt."

So offen hätte sich Mrs. Chester natürlich nie ausgedrückt. Aber auch sie war fast zu Tränen gerührt gewesen, als sie Cindy allein am Vorhang stehen sah und das ganze Theater ihr applaudierte. Wehmütig hatte sie daran denken müssen, daß sie im gleichen Theater Cindys Mutter bei ihrem letzten Auftritt gesehen hatte.

Seit dem tragischen Flugzeugunglück hatte sie mit allen Mitteln zu verhindern gesucht, daß Cindy in die Fußstapfen ihrer Mutter trat. Aber an diesem Abend war ihr bewußt geworden, wie aussichtslos das war. Auch wenn Cindy nur in einer Schulaufführung mitgewirkt hatte, war es unübersehbar, daß sie eine große Tänzerin werden würde. Mrs. Chester konnte unternehmen, was sie wollte: Cindys Weg war vorgezeichnet.

Die Garderobe füllte sich jetzt rasch mit immer mehr Menschen. Maritas Eltern waren da, Miss Whiteway auch, und sogar Jenny und ihre Mutter waren gekommen.

Alle gratulierten Cindy und auch Marita zu ihrem großen Erfolg. Zwischen ihnen hüpfte aufgeregt Petruschka herum. Zeitweise konnte man sein eigenes Wort nicht mehr verstehen, so laut und lustig ging es zu.

„Sicher sehen wir uns nach dem zweiten Teil noch mal, bevor ihr nach Chalk Green zurückfahrt", sagte Mrs. Chester zu Cindy. „Und ab Montag sind wir dann ja wieder alle zusammen." Sie streichelte ihre Wange.

Da fiel Cindy ein, daß sie eigentlich die Weihnachtsferien bei Jenny verbringen wollte. „Ach ja, richtig", sagte sie gedehnt, „und Jenny? Und die Pilgrims?"

„Alles schon geregelt“, beruhigte sie ihr Großvater, „bis Neujahr können wir sowieso nicht in die Wohnung zurück, bis dahin gehen wir ins Hotel, wir drei. Und zum Ausgleich für dich haben wir Jenny ab dem 3. Januar eingeladen, die restlichen Ferien bei uns zu verbringen. Na, wie findest du das?“

„Ich hab’ das auch erst vor fünf Minuten erfahren“, erklärte jetzt Jenny, „aber es ist doch auch eine ganz gute Idee, Cindy, oder? Schon schade, daß du nicht auf die Farm kommst, aber in London machen wir’s uns richtig schön, sag’ ich dir.“ Da klingelte es, die Pause war zu Ende, und der zweite Teil der Vorstellung begann.

Nach diesem langen, aufregenden Tag konnte Cindy abends in ihrem Bett in Chalk Green natürlich erst mal nicht einschlafen. Was hatte sie nicht an einem einzigen Tag alles erlebt! Zuerst der schreckliche Alptraum, sich im Schnee zu verlaufen und vielleicht die Abfahrt zu verpassen. Dann die unerwartete Rettung, als sie dem Bus genau vor die Räder rutschte. Die triumphale Aufführung und der unvergeßliche Beifall, als sie ganz allein vor dem Vorhang stand. Und zu guter Letzt das unverhoffte Wiedersehen mit den Großeltern, die Cindy also doch noch in der Rolle des Feenkinds hatten sehen können.

Das Schönste aber hob sie sich bis zum Schluß auf: die Begegnung mit Jan. Darüber schlief sie lächelnd ein.

Der Sonntag darauf war der letzte Tag vor den Weihnachtsferien. Die Schülerinnen packten ein paar Sachen, nur Cindy räumte ihren Schrank völlig aus und verabschiedete sich von allen Menschen, die ihr im letzten Jahr so vertraut geworden waren. Auch von Petruschka nahm sie mit Tränen in den Augen Abschied.

Schließlich nahm sie Rose beiseite und sagte: „Ich bin schon traurig, daß ich weg muß. Am Anfang war alles so schwierig, aber seit Ostern und mit dir fand ich alles wunderbar. Aber irgendwie freu' ich mich auch drauf, wieder in der Dominick-Schule zu sein. Und du kommst ja zum Glück bald nach, ein Jahr nur noch." Sie versuchte fröhlich zu klingen.

„Schon 'ne arg lange Zeit!" schluckte Rose auch. Da kamen auch Karin und Emilia und die Zwillinge dazu, um Cindy auf Wiedersehen zu sagen.

„Na, Christine mußt du jetzt auch nicht mehr sehen", sagte Joan grinsend. Alle gluckten.

„Aber dafür Queenie und Daphne", lachte Cindy.

„Vergiß dein Italienisch nicht ganz, das du bei mir gelernt hast", sagte Emilia leise. Cindy umarmte sie alle der Reihe nach und winkte ihnen aus dem Bus noch lange zu.

In London ging sie als erstes wieder einmal an der Themse entlang. Mr. Chester begleitete sie und freute sich, sie auch mal für sich alleine zu haben.

„Also, ich glaub', in dem Jahr hab' ich viel gelernt", meinte Cindy nachdenklich, „ich bin froh, daß ich auch mal eine Zeitlang was anderes gesehen habe. Das war schon wichtig für mich." Sie zog sich ihre Handschuhe an.

Mr. Chester sah sie von der Seite an. Sie wirkte tatsächlich viel reifer auf ihn. „Im nächsten Sommer", sagte er, „wirst du schon wieder was Neues erleben. Da fährst du nämlich nach Italien." Er wartete gespannt auf die Wirkung.

„Wieso nach Italien?“ fragte Cindy dann auch erstaunt und blieb stehen.

„Mailand, um genau zu sein“, erläuterte er, „deine italienische Großmutter, Signora Adamo, möchte dich auch mal kennenlernen.“

„Das ist ja nicht zu fassen!“ verwunderte sich Cindy. „Die wollte doch nie was von mir wissen.“

„Die Geschichte ist etwas komplizierter“, antwortete er. „Du bist alt genug, daß ich sie dir erzählen kann. Signora Adamo kam damals nach dem Tod deiner Mutter nach England, um dich zu sich zu holen. Aber deine Großmutter wollte natürlich wenigstens dich behalten, wo sie doch gerade eine Tochter verloren hatte. Es ging damals ziemlich unfreundlich zu zwischen den beiden Familien, muß ich zugeben. Wir haben dann all die Jahre nichts mehr von Signora Adamo gehört – bis vor kurzem, als sie uns in einem sehr liebenswürdigen Brief um deinen Besuch bat. Und da haben wir ja gesagt, vorausgesetzt allerdings, du möchtest das auch.“ Er sah sie an.

„Ui!“ machte Cindy unsicher. „Wie find' ich denn das?“

„Du wirst es sicher großartig finden, du kleine Halbitalienerin, du“, lachte ihr Großvater. „Signora Adamo lebt in Mailand, aber sie hat Verwandte in Rom und in Genua und sonst noch wo, alles deine Tanten und Cousins und Cousinen, Cindy. Du wirst eine Menge neuer Städte und Menschen kennenlernen.“ Sie waren vor ihrem Hotel angekommen.

„Ich hab' ja auch schon ein bißchen Italienisch gelernt von Emilia, die hat mit mir in Chalk Green im selben Zimmer gewohnt“, überlegte Cindy. „Das wird sicher ganz lustig. Aber das wichtigste für mich ist im

Augenblick, wieder in die Dominick-Schule zurückzugehen." Sie sagte das mit außergewöhnlichem Ernst.

„Ich weiß, ich weiß", meinte ihr Großvater und legte ihr den Arm um die Schulter, „die Dominick-Schule und überhaupt das Tanzen werden für dich immer das Wichtigste sein. Dein armer, alter Großvater spielt da die zweite Geige!" Und fröhlich marschierten sie beide die breiten Stufen zur Eingangshalle hinauf.

Cindys Weg zur Ballerina erzählt von Jean Estoril:

Der Traum vom Tanzen

Dein Auftritt Ballerina

Ein neuer Anfang

Die große Chance

Der Weg zum Erfolg

Im Internat

Das neue Ballett

Die Entscheidung